D0545384

Thérèse, Tom et Simon…
est le cent soixante-deuxième ouvrage
publié chez
Dramaturges Éditeurs

Dramaturges Éditeurs
4401, rue Parthenais
Montréal (Québec) H2H 2G6
Téléphone : 514 527-7226
Télécopieur : 514 527-0174
Courriel : info@dramaturges.qc.ca
Site internet : www.dramaturges.qc.ca

Dramaturges Éditeurs choisit de respecter l'auteur dans sa façon de transcrire l'oralité.

Idée et conception visuelle de la publication : Jean-Claude Coulbois
Mise en pages et maquette de la couverture : Yvan Bienvenue
Correction des épreuves : Monique Forest et Daniel Gauthier
Photo de la couverture : Sylvie Morissette

Merci à Renald Bellemare, Pierre Brault, Paul Buissonneau, Hubert Fielden, Anne-Marie Laprade, Yvon Leduc,
Sylvie Morissette et Mario Viboux pour la précieuse documentation photographique.

Nous remercions le Conseil des Arts du Canada de l'aide accordée à notre programme de publication.
Nous remercions aussi la Sodec.

Dépôt légal : premier trimestre 2013
Bibliothèque et Archives nationales du Québec
Bibliothèque nationale du Canada

ISBN 978-2-89637-061-0

Robert Gravel

THÉRÈSE, TOM ET SIMON…

Texte arrêté par Diane Dubeau, Alexis Martin et Luc Senay

Préface de Jean-Claude Coulbois

Dramaturges Éditeurs

La première représentation publique de *Thérèse, Tom et Simon…* [*Prodrome*] a eu lieu le 9 avril 1996, au théâtre Espace Libre, à Montréal.

Mise en scène : Robert Gravel
Décor et costumes : Jean Bard
Éclairage et régie : Sylvie Morissette
Direction technique : Christian Gagnon
Conception sonore : Larsen Lupin
Assistant aux costumes : Jacques Doucet
Chef d'atelier : Carl Thibaudeau

Distribution :
SIMON, homme ordinaire : Luc Senay
MONSIEUR BROCHU : Jacques L'Heureux
MADAME BROCHU : Chantal Baril
LE FILS BROCHU : Jacky Boileau
MADAME DIONNE : Diane Dubeau
LA FILLE AVEC UN SEUL BAS ROSE : Nathalie-Ève Roy
TROIS IROQUOIS : Joël Côté, François Ladouceur et Christian Vanasse
LE PRÉPOSÉ À LA MAINTENANCE : Éric Loiseau
LE CHEF DE POLICE TANGUAY : Robert Gravel

Une production du Nouveau Théâtre Expérimental.

La première représentation publique de *Thérèse, Tom et Simon…* [*L'intégrale*] a eu lieu le 21 mai 1997, au théâtre Espace Libre, à Montréal.

Mise en scène : Diane Dubeau
Scénographie : Jean Bard
Éclairage et régie : Sylvie Morissette
Direction technique : Christian Gagnon
Conception sonore : Larsen Lupin

Distribution :
SIMON, homme ordinaire : Luc Senay
THÉRÈSE, directrice d'un théâtre : Violette Chauveau
ROBERT, acteur : Marc-André Piché
ALEXANDRE, acteur : Stéphane Théoret
FRANÇOIS, acteur : François Tassé
SOPHIE, actrice : Marie-Claude Langlois
GENEVIÈVE, actrice : Isabelle Brossard
MÉLANIE, figurante : Valérie Le Maire
JEAN-PAUL, metteur en scène : Jean-Pierre Ronfard
FLORIAN, *dramaturg* : Éric Forget
ROGER, machiniste : Jean-Robert Bourdage
MONSIEUR BROCHU : Jacques L'Heureux
MADAME BROCHU : Chantal Baril
LE FILS BROCHU : Jacky Boileau
MADAME DIONNE : Diane Dubeau

Les syndiqués :
ROSAIRE : Éric Loiseau
FIRMIN : Jacques Piperni
NOËLLA : Patricia Perez
NICOLE : Nefertari Bélizaire
JOHANNE : Claudine Paquette
GUY : Daniel Brière
MARCELLE : Claudine Raymond
GERVAISE : Mireille Naggar
SOREL : Louis Champagne

Les anciens de Sainte-Croix :
TOM : Benoît Rousseau
MONETTE : Jacques Rossi
SAMSON : Claude Laroche
DESNOYERS : Roch Aubert
TREMPE : Sébastien Dhavernas
MARTINEAU : Jean Asselin

LA FILLE QUI S'ENNUIE : Chantal Lamarre
L'HOMME AUX ÉNIGMES : Silvio Archambault
UN AMANT POTENTIEL DE THÉRÈSE : Éloi Savoie
FERNAND, maître d'hôtel : Frank Fontaine
CLÉMENT, serveur : José Malette
HENRI, serveur : Michel Laperrière
LA FILLE AVEC UN SEUL BAS ROSE : Nathalie-Ève Roy

TROIS IROQUOIS : Joël Côté, François Ladouceur et Christian Vanasse
TROIS DE L'ESCOUADE TACTIQUE : Patrick Caux, Daniel Desputeau, Nicole Sylvie Lagarde

Équipe de production :
Assistant aux costumes : Jacques Doucet
Chef machiniste et régisseur de plateau : Carl Thibaudeau
Construction du décor : Martin Daigle, Guillaume Daoust, Ghyslain Dufour, Marthyne Gagnon, Hervé Holdrinet, Glenn Landry, Jeff Landry, Éric Locas, Éric Michaud, Luc Perreault, Catherine Philibert, Sylvain Poliquin, Michel St-Amand, Iseult St-Jacques et Yvan Zanetti
Plateau tournant : Yves Lalande, Michel St-Amand et Yvan Zanetti
Mécanisme de levage : ARTECH : Jacques Després et Michel Leblanc
Soudeurs : Jean Letendre et Michel Verdon
Peinture scénique : Martine Chérix
Chef électrique : Pierre Laniel
Équipe électrique : Dany Beaudoin, Michel Biron, Gérard Bourque, Charles De Lorimier, Lucie Janvier, Marc Tétrault
Gréage : Éric Michaud, Hervé Holdrinet et Éric Locas
Stagiaire aux accessoires : Jany Grenier
Coursiers : Martin Philippe Hudon et José Malette
Guichet : Danielle Broué

Administration et publicité : Marthe Boulianne
Graphisme : Folio et Garetti

Une production du Nouveau Théâtre Expérimental en collaboration
avec le Festival de théâtre des Amériques

Au cœur de sa vie, l'étrangeté du monde

La lucidité est la brûlure la plus rapprochée du soleil.
René Char

Thérèse, Tom et Simon... est la dernière œuvre écrite et mise en scène par Robert Gravel. C'est à la fois son chef-d'œuvre et sa façon de nous dire adieu, en laissant derrière lui ce bloc d'abîmes qui brille avec l'éclat d'un diamant noir dans la dramaturgie québécoise. *Thérèse, Tom et Simon...* est une œuvre somptueuse et désespérée, irré-médiable et imprescriptible, tellement lucide et prémoni-toire qu'en la lisant aujourd'hui, le lecteur peut penser qu'elle a été écrite hier. Pourtant, l'histoire de sa genèse révèle un projet longtemps mûri avant d'apparaître dans sa forme définitive.

Dès le début des années soixante-dix, le jeune comé-dien Robert Gravel parle à son ami Paul Savoie d'un projet de spectacle qu'il appelle *2283-2285*. Il a déjà l'idée porte-manteau: le plan de coupe d'un immeuble d'habitation et quelques éléments comme le décor pivo-tant, une suite d'actions parallèles, la vacuité abyssale des dialogues. Il veut montrer les gens dans la banalité du quotidien. À l'époque (on sort d'octobre 70), Gravel ima-gine que dans un appartement, il y aurait des felquistes en bobettes, au repos, assis autour d'une table garnie des classiques de Kraft: Cheez Whiz et beurre de peanuts... Le jeune Gravel incline déjà à fouiller l'envers du décor. Il veut explorer ce qu'on ne montre jamais sur une scène de théâtre. Aller à contre-courant des dogmes et des conven-tions qui régissent la dramaturgie classique pour mieux dériver vers des zones inédites, porteuses de modernité. Par la suite, happé par d'autres aventures, le projet *2283-2285* disparaît du radar.

Ça va prendre vingt-cinq ans de créations et d'expéri-mentations théâtrales à son auteur, pour renouer et mener à terme ce projet de jeunesse, devenu, au printemps 1996,

Thérèse, Tom et Simon… [Prodrome]. Où avait-il trouvé ce mot rare de la langue française pour qualifier une œuvre qu'il définissait comme *extraits prémonitoires d'une œuvre distribuée mais non encore complètement écrite*?

Dans le décor hyperréaliste et sophistiqué imaginé par le scénographe Jean Bard, dix-sept comédiens incarnaient sur scène un fulgurant ballet présentant la vision du monde selon Robert Gravel, à la fois testament et chant du cygne d'un créateur hors normes. Trois mois plus tard, le 12 août 1996, la mort soudaine de Robert Gravel laissait inachevé le texte de la version intégrale qui sera finalisée, à partir des notes de Robert, par Alexis Martin, Luc Senay et Diane Dubeau. Celle-ci assura également la mise en scène finale présentée l'année suivante, en 1997, avec quarante-trois comédiens sur scène dans le cadre du Festival de Théâtre des Amériques.

Dans le climat d'amnésie collective et de morosité qui afflige le Québec depuis si longtemps, il n'est peut-être pas inutile de rappeler aux plus jeunes, comme à ceux qui auront la chance de découvrir cet auteur décapant, quelques chapitres du parcours artistique de Robert Gravel. On pourra ainsi remettre certains évènements en perspective et rappeler que le théâtre de création à l'image de la société qu'il reflète, n'a pas toujours été l'entreprise consensuelle et préformatée qu'on présente dans les salles rénovées et aseptisées d'aujourd'hui. Avant de devenir une industrie culturelle parmi d'autres, le théâtre a été, entre 1968 et 1980, le lieu privilégié d'une effervescence créatrice sans équivalence au Québec.

Robert Gravel avait de multiples talents: comédien, improvisateur, animateur de troupe, metteur en scène et dramaturge, complétés par ses passions du dessin et de l'écriture qu'il a toujours pratiquée, souvent de façon intermittente, car c'était d'abord un interprète très sollicité dont le parcours, riche et multiforme, témoigne de combien il aimait mettre le feu à sa vie.

Première apparition sur scène, *Il faut sauver la Lune*, La Roulotte, Paul Buissonneau, 1969

Très tôt, Robert Gravel avait compris que pour être comédien au Québec, il faut savoir tout faire. Son métier lui permettait d'assouvir sa soif d'expériences de toutes sortes. Dès ses débuts dans les années soixante-dix, il passe par la Roulotte de Paul Buissonneau pour découvrir *une approche à quat'sous* de la scène. Presque en même temps, il rencontre Jean-Pierre Ronfard qui l'engage dans la troupe des jeunes comédiens du T.N.M. Malgré la différence d'âges, de cultures et d'origines, les deux hommes se reconnaissent, ils ne se quitteront plus.

Entre 1972 et 1975, Robert Gravel participe aux grandes tournées canadiennes et internationales des jeunes comédiens qui présentent en alternance des pièces du répertoire et des créations collectives. Parallèlement, il commence à jouer dans les émissions jeunesse de Radio-Canada.

Le soir, il retrouve ses complices, Jean-Pierre Ronfard et Pol Pelletier, dans un grenier loué du Vieux-Montréal. C'est là que le trio infernal se livre à d'étranges exercices, déstabilisants et exploratoires, cherchant à développer une autre façon de faire, une autre façon de vivre le théâtre. Ensemble, ils cherchent à briser le carcan des conventions de la représentation. En 1975, ils présentent *Une femme, un homme, exercices pour comédiens*. C'est la naissance du Théâtre Expérimental de Montréal.

Robert Gravel, Maison Beaujeu, vers 1974-75

Sur scène, Robert Gravel était étonnant, atypique et flamboyant. Il jouait sans artifices, sans protection, sans filet. Il disait qu'il *n'avait pas peur de se dépeigner* ou de se mettre à nu. Il adorait jouer les sales, les méchants, les infâmes. Défendre l'indéfendable. Plonger dans les zones obscures de l'âme humaine pour y traquer le chaos, le non-dit et le mystère qui soudainement illuminent les ténèbres. Il abhorrait les conventions sécurisantes des recettes issues de la dramaturgie classique. Comme tout créateur authentique, sa recherche théâtrale et esthétique allait à contre-courant des modes et des convenances. Sa quête d'authenticité l'entraînait souvent au-delà des limites étroites du bon goût et des bonnes manières labellisées «Belle Province».

Beaucoup de camarades prenaient plaisir à voir jouer Robert. Il imposait sur la scène un certain type de jeu théâtral qui les excitait. Il pouvait jouer dans une pièce de Dubé, de Tchekhov ou d'Euripide, dans un style qui était à la fois un engagement total et en même temps – on ne sait pas d'où il le tirait – un recul humoristique, même dans une tragédie. Une espèce de recul presque goguenard avec cette idée derrière: mais qu'est-ce que je fais sur cette scène?...

Jean-Pierre Ronfard

Contrairement à certains de ses collègues qui n'envisagent la scène que pour s'y livrer, sous différents masques, à une entreprise de séduction, Robert Gravel ne cherchait pas à être aimé, mais à être vrai. Il disait: *Quand c'est vrai, on ne peut pas se tromper: c'est la vérité qui choque.* Cette recherche, il va la poursuivre toute sa vie, à travers les différentes formes d'expression offertes au comédien: le jeu, le mime, la création collective, le répertoire et l'improvisation.

Des années plus tard, à propos d'une de ses plus célèbres créations, la LNI (Ligue nationale d'improvisation), Gravel écrit: *Dans ce jeu, rien ne va dans mon sens, sauf l'obstacle.* Tout le parcours théâtral du comédien est nourri par ce goût du dépassement, vécu comme une incessante remise en question de son art et de sa pratique. L'ont-ils lue, entendue, comprise, cette petite phrase lumineuse de Gravel, tous ceux qui pratiquent encore aujourd'hui ce sport-spectacle qu'il avait inventé?

Honnie par certains, vénérée par d'autres, la LNI fut, à ses débuts en 1977, un formidable tremplin pour faire découvrir au public une nouvelle génération de comédiens qui n'avaient pas peur de se lancer sur la patinoire miniature. Devant le succès populaire et inattendu d'un jeu typiquement québécois, Télé-Québec (alors nommée Radio-Québec) commence à diffuser, à partir de 1982, une série de matchs sous le titre *La Soirée de l'impro* dont le déroulement est calqué sur celui de *La Soirée du hockey* diffusée par Radio-Canada.

Dès le début, ces retransmissions en direct trouvent un large auditoire qui adopte ces rendez-vous avec l'improvisation. De 1982 à 1987, grâce aux talents de la LNI, la chaîne éducative et culturelle du Québec connaît ses meilleures cotes d'écoute, sans avoir recours aux animateurs vedettes habituels de la télé québécoise. Fait à

noter : c'est la première fois qu'une émission, en parfait accord avec les mandats de la chaîne, connaît un tel succès d'auditoire. Pourtant, en 1987, coup de théâtre : le diffuseur provincial décide subitement et unilatéralement d'arrêter la retransmission des matchs !

La raison officielle sonne comme un refrain de chanson à répondre : c'est à cause du retour au pouvoir des libéraux, et patati... laridaine-tata... La raison officieuse, qui circule entre les fantômes de la patinoire et les apparatchiks gouvernementaux, c'est que lors d'un match télévisé, des femmes-joueuses ont sacré à l'antenne !... Fichtre !... Quelques oreilles prudes et bien pensantes de la direction de la chaîne en auraient été profondément offusquées !... Au point de sanctionner une émission, demeurée toujours un peu suspecte aux yeux des censeurs parce qu'imprévisible et dont le succès inattendu devait en agacer plusieurs.

Dès que la nouvelle est officielle, Robert Gravel tient une conférence de presse à la brasserie Molson pour dénoncer cette sanction brutale et non justifiée de la part de ceux qu'il considérait jusqu'alors comme des partenaires. Malgré de nombreux appuis, le comédien ne réussit pas à renverser une décision totalement arbitraire et, comme il n'oubliait rien, Gravel en garda une profonde amertume envers *l'autre télévision*. À la même époque,

dans une ruelle du Centre-Sud, non loin du Nouveau Théâtre Expérimental de Montréal, on pouvait lire un nouveau graffiti : «Ô Kébek !... pas encore sorti du bois ! »

Plus que le cinéma, c'est par la télévision, qui ne cessera jamais de le solliciter, que Robert Gravel devient un comédien connu et aimé du grand public. Par ses créations de personnages hautement improbables, mais qu'il savait rendre crédibles, dans des téléromans comme *Marilyn*, *L'héritage* ou *Virginie*.

Concernant sa relation avec la télévision, il faut rappeler que Gravel est, à ma connaissance, le seul comédien qui refusait de retravailler son texte au moment de le mémoriser. L'acteur revendiquait l'intégrité de dire le dialogue tel que l'auteur l'avait rédigé. On sait que les délais serrés de la télé imposent souvent aux auteurs de livrer des partitions plus ou moins achevées, comportant des fautes grammaticales ou de syntaxe. Sur ce point, la position de Robert était claire : *Je suis payé pour dire le texte écrit par l'auteur, non pour le corriger.* Il pouvait tenir cette ligne de conduite, car c'était un comédien accompli qui savait installer dans son jeu cette espèce de distanciation remarquée par Jean-Pierre Ronfard. Il faut revoir certains épisodes de ces téléromans pour entendre, au détour d'une séquence, des échanges typiquement surréalistes, comme Buñuel aimait en injecter dans les dialogues de ses films.

Sauf que, ce qui était prémédité chez le cinéaste espagnol, apparaît dans ces téléromans comme des confusions d'expressions ayant involontairement échappées à la vigilance des auteurs comme des diffuseurs.

Aujourd'hui, quand on allume la télévision, c'est souvent pour découvrir n'importe qui déclarant n'importe quoi devant n'importe quelle caméra. Et ce n'est pas un hasard. Toutes les chaînes de télévision publiques francophones ont depuis longtemps abandonné le mandat culturel qui était pourtant l'une des principales raisons de leur création. Il est étonnant et désolant de constater aujourd'hui qu'il n'existe aucune émission sur la littérature, le théâtre ou le cinéma dans une province qui ne cesse de prétendre se différencier par sa culture. Les quiz, la téléréalité et les émissions culinaires remplissent la majorité des grilles horaires. Tout cela entrelardé d'agressantes publicités plattes et sans humour. Aujourd'hui, quand on allume la télévision, c'est d'abord pour se débrancher le cerveau. Dans ce contexte de médiocrité galopante, la survie d'une émission comme *La semaine verte* apparaît comme le dernier miracle du frère André, ce qui a dû échapper à la bienveillante impuissance du CRTC. Avec les coupures et l'abdication généralisée du mandat culturel, les télévisions publiques remplissent les grilles par des rediffusions. Pourquoi dans ce contexte, ne pas rediffuser les apparitions de Robert Gravel dans ses incroyables déguisements de

Marilyn?... Pour un public non averti, ce serait une expérience fascinante, doublée d'un fabuleux voyage dans le temps : on se croirait projeté dans une époque si lointaine, qu'on se demande toujours en quelle année cela a été diffusé. L'émission fut produite entre 1991 et 1994. Malheureusement, les rediffusions nous révèlent que le téléroman, supposé fleuron de la télé québécoise, vieillit généralement très vite, c'est-à-dire mal.

Paradoxalement, c'est par ses prestations dans ces productions consensuelles et souvent insipides, mais présentées sur une base régulière, que le comédien Gravel devient ce que les petits journaux à potins appellent *une vedette*. Un statut qu'il accepte avec modestie sans le revendiquer, ni en abuser.

Car, ce qui a toujours été au cœur de sa vie, c'est le théâtre. Le théâtre dont il avait fait son jardin. Un jardin comme un terrain de jeu, abrité dans une ancienne caserne de pompiers de la rue Fullum dans le Centre-Sud de Montréal, le quartier populaire où le comédien avait passé son enfance. C'est là, dans ce qui deviendra le Nouveau Théâtre Expérimental de Montréal, que Robert Gravel va vivre, écrire, interpréter une aventure théâtrale audacieuse et novatrice, qui demeure, encore aujourd'hui, une des plus belles pages de l'histoire du théâtre non institutionnel à Montréal.

Sous l'impulsion de Ronfard et Gravel, le NTE est, à ma connaissance, le seul théâtre au Québec qui a su, au fil des années, développer et conjuguer une éthique (l'autogestion, le vote à l'unanimité) avec une esthétique (dite «de la guénille»: des costumes, décors et accessoires qui ne coûtent rien). Cette démarche originale donne naissance à de nombreux spectacles expérimentaux (jusqu'à sept spectacles-créations par année) questionnant le jeu, le texte, la lumière, les objets, les lieux, etc. qui vont culminer par la création, au tournant des années quatre-vingt, de *Vie et mort du roi boiteux*: un texte-épopée de Jean-Pierre Ronfard, regroupant dix-neuf comédiens, fonctionnant en autogestion dans un spectacle de quinze heures. Un spectacle-somme qui en a ébloui plusieurs dont, j'imagine, le jeune Robert Lepage, qui y a peut-être trouvé une source d'inspiration pour ses futurs spectacles longue durée.

Je me suis enfoncé dans l'écriture…

C'est au détour des années quatre-vingt-dix et avec la maturité que Gravel, sans cesser de jouer, retourne à sa table de travail pour écrire, seul, une nouvelle œuvre: *Durocher le milliardaire* qu'il qualifie humblement de «proposition pour les acteurs». Dans le texte, il laisse volontairement à certains endroits des espaces non écrits où les acteurs doivent improviser. Ce sont les lazzis, qu'il reprend de la commedia dell'arte. Pour Gravel, c'est aussi une façon de garder ses comédiens en éveil: *Soyez vigilants!*

Ne vous assoyez pas sur le texte… d'ici à là, vous allez inventer des phrases… ayez le courage d'improviser…

La proposition de *Durocher le milliardaire* se développe à partir du dicton populaire «l'argent ne fait pas le bonheur», mais pris et développé à contre-sens: et si c'était l'inverse qui était vrai?… En nous montrant le personnage de Durocher, un milliardaire heureux, cultivé, intelligent, entouré de ses beaux enfants, face à un trio de cinéastes québécois minables et bourrés de préjugés, l'auteur Gravel démontre et affirme que, même dans le Québec catholique et conservateur, l'argent rend heureux parce qu'il permet tout: l'éducation, la culture, les voyages, le luxe et même, jusqu'à la conscience d'autrui par un mécénat éclairé.

Dans une province où les bonnes nouvelles sont encore plus rares que les mécènes, la proposition, baveuse et décapante, heurte et, en même temps, fait découvrir aux spectateurs un théâtre ludique, accessible et pourtant radicalement différent.

Autour d'une vraie fausse piscine, reflet de l'imaginaire gravelien, les personnages, sous l'effet de l'alcool, vont peu à peu se dévoiler dans tous les sens du terme, avant de plonger dans le bassin imaginaire pour mimer une baignade loufoque et pourtant hyperréaliste.

Dans l'univers trop lisse du milliardaire Durocher, Gravel met en scène un premier élément étrange, sous les traits de M'Boké, le fidèle serviteur noir du maître de maison. Au début du spectacle, M'Boké apparaît sortant d'une hutte en paille installée au fond du jardin du milliardaire, le visage et le corps maquillé, vêtu comme un guerrier africain, une sagaie dans la main. Dans cette oasis d'harmonie et de luxe occidental, M'Boké est un anachronisme dans l'univers du milliardaire. Plus tard, celui-ci le présente ainsi :

DUROCHER
C'est un Sénégalais. Je l'ai connu à l'ambassade du Canada à Dakar où il travaillait il y a cinq ans. Je l'ai amené avec moi. Il est extrêmement efficace… et il ne fait pas trop de bruit avec ses chaînes.

Plus la soirée chez le milliardaire avance, plus le comportement de M'Boké devient imprévisible, voire inquiétant. Derrière sa parfaite maîtrise des usages occidentaux, il laisse parfois échapper quelques cris ou incantations africaines qui suggèrent une profonde fracture dans sa personnalité. Il est le témoin privilégié et muet de la rencontre entre les cinéastes et Durocher, l'œil et l'oreille venus d'ailleurs, plus ou moins intégrés dans le rituel mondain de la soirée. Au milieu de ces blancs crémeux, francophones et nord-américains, M'Boké n'est pas juste le Noir de service, il est l'élément insolite et déstabilisant suggéré par le dévoilement progressif d'une étrange familiarité dans l'intimité de son maître et ses enfants.

Le succès de la pièce, et aussi le plaisir partagé chaque soir avec ses comédiens, donne à Gravel l'envie de poursuivre, dès l'année suivante, l'aventure de l'écriture. Il s'inspire alors d'un rituel d'amitié qu'il cultive réellement dans sa vie, celui du repas annuel des anciens du collège classique. Comme le fait remarquer Luc Senay, ami et complice, ce qui est explosif dans la personnalité de Robert Gravel, trouve son origine dans la profonde dualité entre les valeurs traditionnelles de l'homme conjuguées avec la soif d'expérimentation du comédien.

De nouveau, l'auteur Gravel aborde la réalité à contre-courant, pour nous faire découvrir dans *L'homme qui n'avait plus d'amis*, le personnage de Jason Carpentier, un homme parfaitement solitaire qui n'a jamais connu l'amitié.

Dans le désert affectif qu'est sa vie, un soir dans un parc, Jason fait une étrange rencontre : un écureuil de passage s'approche et lui demande de l'apprivoiser pour qu'ils deviennent amis… avant que l'échange ne dérape soudainement vers une fin inattendue. C'est une des plus belles et insolites scènes écrites par Gravel, où il se révèle un des meilleurs dialoguistes de la fiction québécoise – au niveau d'un Réjean Ducharme lorsqu'il écrit le scénario *Les bons débarras*. Peut-être que si le temps lui en avait été donné,

Robert Gravel se serait tourné un jour vers le cinéma dont il s'est souvent inspiré dans son théâtre et, peut-être serait-il devenu ce dialoguiste recherché qui fait encore si cruellement défaut aux longs métrages québécois.

Sans véritablement se considérer comme un auteur ou un dramaturge, Gravel en poursuivant son tête à tête avec l'écriture, est pourtant en train de le devenir. Autant par les thèmes qui l'inspirent que par la recherche d'une scénographie qu'il précise en la visualisant par ses dessins. Même s'il part souvent de faits vécus ou de personnages qu'il a connus pour les transposer par la suite, l'auteur Gravel se livre aussi à de nombreuses recherches dans différents arcanes de la réalité, comme peut le faire un documentariste curieux. Il découpe des articles sur des faits divers insolites, étranges, atroces, dans toutes sortes de journaux et les conserve précieusement dans des cahiers où il ajoute des commentaires, des notes, des dessins.

Un jour, le comédien se rend dans un hôpital pour voir un ami malade et ce qu'il retient de sa visite, c'est que les patients qu'il a rencontrés sur les étages sont tous des Canadiens français. Partant de ce constat, Gravel se lance dans l'écriture de *Il n'y a plus rien*, sa troisième pièce, celle qui vient clore sa trilogie par la suite regroupée sous le titre évocateur de *La tragédie de l'homme*.

Il n'y a plus rien marque pourtant une rupture de ton et de style avec les œuvres précédentes. C'est une œuvre sur la fin de vie, qui se déroule un soir de Noël, dans ce que l'OQLF (Office québécois de la langue française) appelle un CHSLD (Centre hospitalier de soins de longue durée), autrement dit et en français courant, un mouroir.

Il n'y a plus rien est créée en décembre 1992 avec dix-sept comédiens sur scène. La troupe de Gravel s'agrandit, pendant que se met en place une nouvelle esthétique dans un décor élaboré et hyperréaliste signé Jean Bard.

À travers le quotidien étriqué des bénéficiaires divisés en deux groupes, les mobiles et les alités, auxquels s'ajoutent le personnel et quelques visiteurs, s'installe un ton qui oscille sans cesse entre le tragique et le comique. Gravel réussit le pari de nous faire vivre avec des personnages que nous reconnaissons, sans jamais qu'ils ne nous aient été présentés autrement que par leur présence active ou passive sur scène.

S'inspirant de faits réels que lui avait rapportés son ami Yvon Leduc, Gravel fait dire à l'un de ses personnages :

JEAN-LUC
Ta matante est crackpot... sont toutes crackpots icitte... Moé, mon frère travaille à Saint-Luc... là

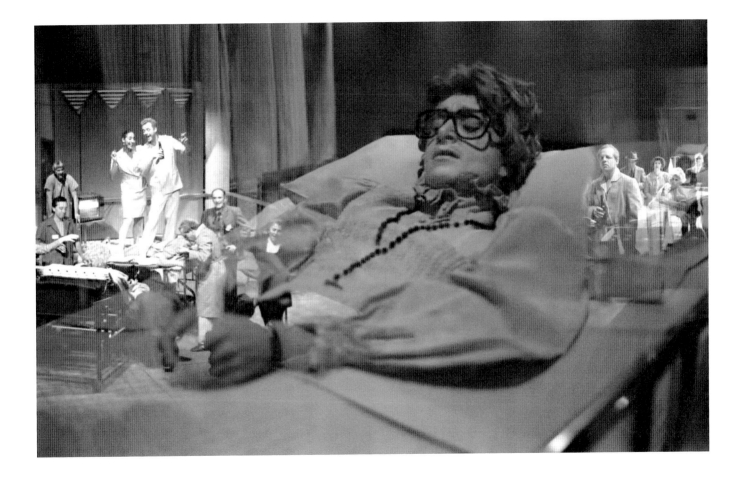

aussi c'est des crackpots... mon frère m'a raconté qu'un médecin y a d'mandé de raser la touffe d'une patiente qui allait être opérée... savez-vous pourquoi qu'a' allait être opérée ? Pour des nodules dans l'nez ! Y a demandé à mon frère d'y raser la touffe pareil parce qu'elle était rousse... en plein la couleur que ça y prenait pour fabriquer ses mouches pour la pêche au saumon... c'est-tu assez fort pour vous autres ?...

Toute l'action de la pièce se résume à attendre avec les patients, leurs visiteurs et le personnel, un acteur anonyme vieillissant qui viendra en fin de soirée déclamer, en échange d'une petite enveloppe, une tirade du *Polyeucte* de Corneille, debout sur le lit d'une bénéficiaire. Si l'argument peut sembler dérisoire, il permet à l'auteur d'exprimer une soudaine gravité par le regard qu'il porte sur chaque personnage, qu'il montre souvent crûment, mais surtout, sans jamais le juger.

Dans cette pièce, Gravel installe les actions parallèles comme au cinéma et affine sa théorie du non-jeu : une absence d'effet théâtral dans les compositions des comédiens et des dialogues parlés sur un ton naturel. En fait, le non-jeu consiste à «être». Simplement mais aussi authentiquement, exister, habiter dans la peau du personnage, au lieu de jouer le «paraître» qui réduit souvent les personnages à des caricatures comme dans les téléromans.

Passant constamment du rire aux larmes, *Il n'y a plus rien* est un spectacle totalement bouleversant et universel par la vérité humaine et la détresse qui se dégagent des situations. Gravel livre une vision sans fard de la fin de vie dans les hospices de la province, faisant également du centre de vieillards Saint-Jacques-de-la-Providence, un microcosme de la société contemporaine.

Je crois que l'auteur Gravel a été le premier dramaturge d'ici à considérer un mouroir comme une métaphore de la société québécoise. *Il n'y a plus rien* a été écrit il y a vingt ans et, comme le rappelait pudiquement Denise Filiatrault, à l'occasion d'une reprise en 2009, *le texte demeure d'une déconcertante actualité*. Rien n'a changé !... et cet immobilisme généralisé d'une société en perpétuelle régression est peut-être l'une des principales causes de la tragédie qui continue de se vivre quotidiennement au Québec.

Je ne suis pas sûr que les critiques de l'époque aient bien perçu cette gravité nouvelle qui apparaît soudainement dans une œuvre par ailleurs souvent ludique. Pourtant, si l'œuvre de Gravel oscille constamment entre le rire et les larmes, c'est bien l'aspect tragique qui l'emporte à travers les saisissants fragments d'humanité qu'il met en scène. Malheureusement, il existe encore dans le Québec contemporain, un certain nombre de sujets tabous qu'on ne peut aborder presque exclusivement que par la langue de bois des communicants professionnels ou par la dérision des humoristes. Ça fait tellement d'années que l'empire du rire règne en maître absolu sur les scènes du Québec, qu'il n'y a peut-être plus d'espace pour l'expression d'un regard ou d'une pensée critique, fussent-ils circonscrits à l'activité théâtrale. Le théâtre, étant entendu ici, comme reflet ou caisse de résonance des convulsions qui agitent et influent sur le devenir des sociétés.

Alors qu'ailleurs, le monde bouge et ne cesse de se transformer (comme ce désir de changement du printemps arabe), ici, ce qu'on appelle la réalité évolue si peu, qu'on en vient à croire que la société québécoise est à l'image de ses paysages d'hiver figés dans les glaces. Récemment, les grandes orgues de la nation célébraient les cinquante ans de la Révolution tranquille qui ne fut rétrospectivement, excepté pour l'accès à l'éducation, qu'une mise à jour technocratique des structures d'un gouvernement provincial. Pourtant, à constater aujourd'hui la détérioration des principaux secteurs étatisés comme l'éducation, la santé, les transports ou l'exploitation des ressources naturelles, il est difficile de penser en terme de réussite. Et malheureusement, rien n'indique, à court ou moyen terme, un renversement de tendance. Tout paraît en train de s'effriter, comme ces ponts et autres viaducs agonisants, ou de se démantibuler à l'image du réseau d'aqueducs montréalais. Chaque gouvernement a voulu croire ces infrastructures immuables, parce qu'ici, ce n'est pas en abordant publiquement ces sujets-là, qu'on gagne des élections. L'absence de prévention et d'aménagement à long terme du bien commun, en dit long sur les capacités d'anticipation des politiciens professionnels qui continuent de parlementer en toute bonne foi, pour revendiquer, à l'ombre d'un crucifix, un état laïc. Cherchez l'erreur... ou comment jouer Tartuffe en Québec.

Robert Gravel prétendait que *s'il y avait des claques comme à la LNI dans tous les théâtres, les saisons seraient meilleures.* C'était le vœu d'un iconoclaste, amoureux de son art et en totale opposition avec la pratique marketing en vigueur dans tous les théâtres. Ce rituel institutionnalisé se déroule en deux temps : d'abord, par une rencontre entre l'auteur et un journaliste pour un pré-papier autour du spectacle à venir, dont le journaliste ne sait évidemment rien... suivi d'une critique du spectacle publiée au lendemain de la première. Conscient des enjeux rattachés à ces rencontres, Gravel refusait pourtant cette façon de faire. Il aurait souhaité pouvoir s'entretenir avec les journalistes après que ceux-ci aient vu son spectacle, considérant qu'alors, l'échange serait plus fructueux pour les deux parties. Sur ce point, il n'a malheureusement jamais réussi à modifier une pratique aussi généralisée qu'archaïque et donc, ses œuvres ont souvent été présentées sans bénéficier de cette stratégie promotionnelle.

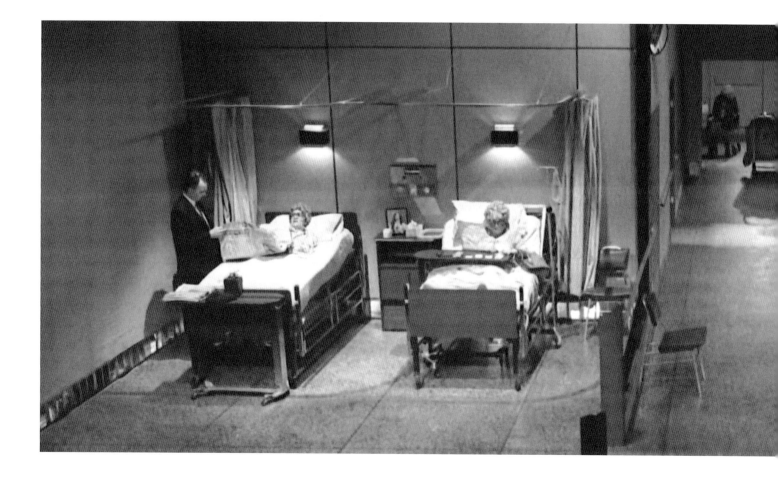

C'est ce qui est arrivé au printemps 1996, lorsque le Nouveau Théâtre Expérimental de Montréal présentait la dernière œuvre de Robert Gravel : *Thérèse, Tom et Simon...* dont il y aura deux versions. La première, montée par l'auteur, est sous-titrée de façon sibylline *Prodrome*. Explication de l'auteur :

Ce que je veux faire, c'est présenter dans un premier temps ce que j'appelle un prodrome. «Prodrome», c'est un mot qui signifie tous les symptômes qui annoncent une maladie ou tout évènement qui en précède un plus important. Par exemple, le prodrome de la révolution espagnole : qu'est-ce qui s'est produit avant, qui a préparé les évènements qui ont suivi... Donc, Thérèse, Tom et Simon..., c'est une série de scènes qui sont tirées de l'œuvre finale et dans lesquelles, on découvre certains personnages... on sent qu'il y a un malaise partout... et à la fin, on sent qu'il s'est passé quelque chose, on voit comme le résultat : de la vitre brisée, du sang sur les murs, des policiers qui font un constat..., mais on ne sait pas ce qui est arrivé exactement, c'est une chose qui ne sera révélée que dans l'œuvre intégrale... Mais le pari, c'est que le prodrome va être complet en soi, au niveau de l'intérêt, c'est-à-dire qu'on n'a pas besoin de savoir qu'est-ce qui est arrivé pour ressentir le malaise... il y a onze comédiens dans le prodrome, il y en aura quarante-trois dans la version finale...

Quand le spectateur pénètre dans la salle, il découvre dans la pénombre de la scène un décor hyperréaliste représentant le plan de coupe d'un immeuble d'habitation aussi étrange qu'inquiétant dans son apparente nudité. Il y a trois pièces au rez-de-chaussée et trois pièces à l'étage. Chaque cage (chambre, cuisine, salle de bain) donne à voir un coin d'intimité des résidants. Chaque lieu se distingue par une décoration réduite à quelques objets usuels et impersonnels. Ce décor, minutieusement reconstitué et savamment dépouillé, reste un long moment inhabité. Le temps pour le spectateur de réaliser que ce décor constitue, peut-être, le premier et aussi le principal personnage de *Thérèse, Tom et Simon...*

Derrière les fenêtres, il y a du monde weird*!... et on n'a pas accès à ça.*

Par la suite, chaque personnage apparaît pour se découvrir dans l'impudeur de son intimité saisie à travers l'invisible quatrième mur qui donne sur la salle. Chacun, silencieux ou soliloquant, vaque à ses occupations domestiques et déjà, miracle du théâtre, le spectateur, sans les connaître, les *reconnaît*, pour en avoir déjà vu des semblables dans son entourage, tel Simon, le vieux garçon introverti, Madame Dionne, la vieille fille gênée, Monsieur Brochu, l'homme assis à sa fenêtre…

Thérèse, Tom et Simon, ce sont les noms des rôles-titres. Ce sont trois noms pris dans la foule : Thérèse, Tom et Simon, trois petits points… ça veut dire qu'il y a aussi André, Serge, Florian, c'est comme un travail sur le structuralisme, comme si je croyais qu'on avance tous en même temps… pendant qu'on se parle ici, au même moment, il y a un petit livreur qui est sur le coin de la rue à livrer sa commande, il y a quelqu'un qui travaille dans le bureau ici, et de l'autre bord de la rue dans l'appartement en face, un autre qui est peut-être en train de baiser avec sa poupée gonflable… tout ça avance en même temps, fait partie du même monde, mais la caméra n'est pas partout en même temps.

Thérèse, Tom et Simon…, c'est une vision comme ça, on voit l'intérieur de ces appartements-là, pis on découvre les gens qui y vivent. Des gens qui vivent seuls ou en couple. Dans certains appartements, on ne voit même pas les gens, on ne voit que leurs objets : le téléphone qui sonne, le répondeur qui s'enclenche… ce qu'il y a dans le lit ou comment le lit est fait… on voit des gens vivre… tout ça avance en même temps avec un sentiment d'angoisse qui se dégage de chaque scène… une espèce d'étouffement, comme si quelque chose allait arriver… et effectivement quelque chose va se produire dans Thérèse, Tom et Simon… un cataclysme, un carnage…

Le prodrome est constitué d'une suite de scènes qui dévoilent ce qu'est la vie des personnages qui habitent l'immeuble. Chaque scène est complète et autonome mais le récit est volontairement elliptique et allusif. Ce sont les fragments fondateurs d'une œuvre encore en devenir qui s'inscrit totalement dans la démarche d'un théâtre dédié à l'expérimentation.

Si certains spectateurs ont pu être momentanément déroutés par la forme éclatée et intemporelle, d'autres furent complètement séduits ou ébranlés par la découverte du regard acéré du dramaturge. Un regard de moraliste, athée et laïc, comme celui qu'on trouve dans les films de Dreyer, Kieslowski ou Von Trier. Un regard sans complaisance qui dissèque les travers d'une société en train de s'écrouler.

Dans la version intégrale de *Thérèse, Tom et Simon...*, Gravel complète et précise son entreprise, en y insérant les morceaux du puzzle absents du prodrome. Principalement, deux grandes scènes de groupe : le party d'acteurs et la scène du restaurant qui viennent s'imbriquer parfaitement dans le déroulement de la soirée.

En ouverture, l'auteur nous présente Simon, le vieux garçon, réveillé soudainement par les bruits d'un party d'acteurs qui se déroule dans un appartement donnant sur la cour intérieure de l'immeuble. Une gang de théâtre institutionnel en train de fêter un soir de première. Dans une brève description des personnages, la plume incisive de Gravel fait mouche. On les *voit* avant de les entendre.

Mélanie : C'est une figurante « professionnelle » et heureuse. C'est une groupie, elle est contente d'être là et de faire partie du « milieu », point.

Sophie : C'est une actrice frustrée, depuis l'école d'art dramatique en fait. Dans un party, elle boit, fume et sniffe... Elle est un accident qui cherche à arriver.

Robert : C'est un acteur normal. Simple. Il sort avec Sophie de ce temps-là. C'est pas nécessairement facile.

Thérèse : Elle est directrice du TDP, les affaires vont bien, la pièce marche. Mais sa vie sentimentale est un désastre. Ce soir, elle veut Robert dans son lit. Elle est dangereusement soûle.

Tout ce beau monde mange, boit, fume, danse, se drague, se bitche, s'auto-congratule à travers les piaillements mondains. Au centre de la scène, apparaît Thérèse, la directrice du théâtre, un verre à la main. Elle déambule parmi des comédiens et des techniciens répétant comme une litanie, sa triste raison d'être.

THÉRÈSE
... Moi, j'vends des places, des fauteuils, je suis là pour vendre des places. On m'a engagée pour vendre des places, on m'a chargée de vendre des fauteuils j'en vends, voilà c'est tout, y en a qui vendent de la bière, d'autres des journaux, moi je vends des places.

Oups! … la scène dérange, parce que même transposée, elle est terriblement juste («C'est la vérité qui choque»). Des personnages comme Thérèse, nous en connaissons tous: il y en a aujourd'hui dans pratiquement tous les théâtres. Tous pratiquement le même profil: gestionnaire d'entreprise culturelle, diplômé HEC: ils ont appris à vendre avant d'apprendre à lire. Pour eux, les œuvres sont des produits dont la raison d'être consiste à remplir les salles, peu importe, ce qui s'exprime sur scène.

Faut-il rappeler les origines de cette dérive issue de la sinistre politique des industries culturelles, mise en place par Madame Frulla et adoptée avec une consternante unanimité en 1992. Vingt ans déjà!… Faut-il rappeler que dans cette politique, le théâtre est envisagé uniquement comme un produit de consommation culturelle, au même titre que le disque, le livre, le film. Or, contrairement à ceux-ci qui peuvent se reproduire en copie à l'infini, la spécificité du théâtre repose exclusivement sur la performance humaine: celles des comédiens sur la scène, celles des spectateurs dans la salle.

Les législateurs, en refusant de prendre en compte cette différence fondamentale qui a toujours fait de la dramaturgie le dernier territoire de résistance, ont provoqué ce que l'on découvre aujourd'hui sur les marquises des théâtres: l'uniformisation des saisons, la présence grandissante des vedettes de la télévision dans les distributions, selon un critère de rentabilité devenu le premier diktat des directions artistiques.

Et, vingt ans plus tard, retrouver la même Madame Frulla, passée des affaires culturelles au «club des Ex» de Radio-Canada, c'est constater que par son parcours, cette professionnelle de la politique a réussi un joli tour du chapeau: être à la fois, l'une de celles qui a le mieux trahi le milieu culturel et aujourd'hui, l'une de celles qui en profite le plus.

Il est étonnant de voir comment Gravel avait pressenti les conséquences tragiques de cette politique de prédateurs. C'est, entre autres, ce qu'il a mis en scène dans sa dernière œuvre, jusqu'au malaise généralisé, à travers la description d'un simple party d'acteurs. La perversité de l'auteur Gravel se jouait des conventions. Ainsi, à la même époque, élaborant la version intégrale de *Thérèse, Tom et Simon…*, il avait eu l'idée de contacter le critique Robert Lévesque pour qu'il se joigne sur scène au party d'acteurs pour y jouer le rôle… d'un critique. On peut rêver et se demander aujourd'hui jusqu'où, s'il avait continué d'écrire, Robert Gravel aurait poussé cette mise en abyme de la réalité québécoise.

Jouer avec le réel, transposer les identités, brouiller les apparences jusqu'à ne plus savoir ce qui est vrai, ce qui est inventé, c'étaient déjà les prémisses de *Tête-à-tête*, un spectacle intimiste en forme de règlement de comptes que Gravel avait coécrit et joué avec Jean-Pierre Ronfard, deux ans auparavant. Dans ce duel sans vainqueur, les deux hommes énoncent sur la scène tout ce qui les différencie dans la vie. La confrontation prend la forme d'un jeu de la vérité, où chacun balance à l'autre cruellement ses quatre vérités, dans un face à face transposé, ludique et lucide.

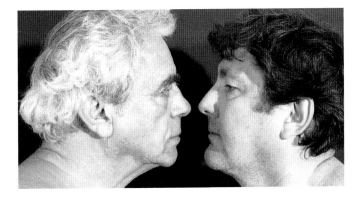

C'est, peut-être, en se plongeant dans cette veine d'inspiration aux relents autobiographiques que Gravel trouve la forme définitive du spectacle où vont se côtoyer, à travers les personnages, les différents milieux sociaux qui apparaissent dans la version intégrale de *Thérèse, Tom et Simon...*

Non écrite, mais déjà prévue dans la version *Prodrome*, la scène du restaurant avec ses tables, ses chaises et ses accessoires descendant des murs, est un autre grand moment du théâtre gravelien. Tel un ballet chorégraphié, les vingt-deux comédiens, entrent en scène, un verre à la main, avant d'aller s'asseoir, chacun à sa table, pendant qu'un maître d'hôtel apporte des cuisines (une vraie cuisinière s'affaire derrière le décor) de véritables plats, comme ces crêpes qu'il vient flamber à la table des clients.

Ce soir-là, le restaurant est en pleine effervescence : il y a une table de syndicalistes bavards et bruyants, une autre où se retrouvent des anciens de collège, dans un coin, à l'écart, Thérèse, en tête-à-tête avec son amant, et au milieu de la salle, seul et silencieux, assis à une petite table, Simon, le vieux garçon.

Si toutes les tirades sont écrites, il faut se rappeler comment Gravel metteur en scène, les avait fait jouer de façon chorale : par une alternance des voix et des discours, chaque comédien parlant crescendo jusqu'au plein volume, avant de baisser le ton, pendant qu'un autre, à une autre table, lui succédait. Cette suite de *fade in-fade out* des différents discours guide par l'oreille l'œil du spectateur. En fait, dans cette scène, Gravel recrée la magie du cinéma par les moyens organiques du théâtre, jusqu'à l'image gelée sur laquelle se termine la séquence : celle d'un homme,

Un restaurant qui sort des murs.

attablé au milieu de ses amis, qui sort brusquement de sa veste, un pistolet.

Plus loin, toute l'écriture de la scène finale (scène 9) est rédigée dans le style scénario. Tout est visuel, sec, efficace. Comme au cinéma, chaque ligne correspond à un plan de la caméra.

Après le mouroir d'*Il n'y a plus rien*, où Gravel montrait comment on meurt dans cette société, *Thérèse, Tom et Simon…* va encore plus loin dans la dissection des composantes sociales. En montrant la vie d'un immeuble d'habitation (incluant un party et un restaurant, évènement et lieu de convivialité) comme nouvelle métaphore, ce que l'auteur met en scène, c'est comment la collectivité est en train d'imploser. La question n'est plus de savoir comment on meurt, mais de quoi on meurt dans cette société? La solitude, l'alcool, la violence, le manque de confiance, l'absence de solidarité, autant de thèmes suggérés, évoqués, explorés comme les possibles causes de cette déréliction.

Je me souviens encore aujourd'hui du choc ressenti par la découverte des deux versions de *Thérèse, Tom et Simon…* et aussi de comment, à l'époque, j'avais été surpris en lisant des critiques mitigées et si peu perspicaces que j'en avais gardé un très vague souvenir. Un jour, en écrivant ce texte, j'ai senti le besoin de relire ces critiques parues en 1996 et 1997 (on en trouve certaines sur internet, comme celles de la revue de théâtre JEU)… et ce que j'y ai retrouvé est tout simplement atterrant!… Sur le nom de Gravel, les critiques de la presse écrite énoncent les lieux communs habituels: hyperréalisme, non-jeu, déthéâtraliser le théâtre, discours à contre-courant du milieu… sans jamais juger pertinent d'expliciter ce qu'ils comprennent de ces termes.

Devant le *Prodrome*, la réaction des critiques est pratiquement unanime (et prudente): on ne peut pas en parler, parce que c'est un spectacle encore en devenir… on ne sait pas où l'auteur s'en va… bla-bla-bla… les plus téméraires se risquent à décrire platement l'action de certaines scènes, sans jamais mentionner ce qu'ils ont ressenti en les découvrant. Intuition?… sagacité?… analyse?… connaît pas!… En fait de critique, ces textes rendent compte des apparences du spectacle en évitant d'aborder ce qui en est le cœur: les enjeux et le propos.

L'année suivante, les mêmes journalistes découvrent la version intégrale de l'œuvre et, Gravel n'étant plus de ce monde, ils récitent en chœur un nouveau refrain en forme d'hommage posthume: Attention! Chef-d'œuvre pour un auteur disparu… Quarante-trois comédiens sur scène!… Scène du restaurant hallucinante de réalisme!…

Pan-Pan!... Bravo!... Là encore, ils relatent ce qu'ils ont vu, sans jamais nommer, ni identifier les enjeux du spectacle.

Dans ce chapelet de banalités, deux exceptions : Jean St-Hilaire du journal *Le Soleil*, qui relève dans son texte, ce qu'il appelle *une déconcertante gravité*, et Hervé Guay du journal *Le Devoir*, qui mentionne *l'ampleur et la cohérence d'une vision dramatique*, avant de conclure : *Voilà un portrait de gens ordinaires, brossé avec une sagacité et une cruauté terribles, d'autant que les zones d'ombres et le mystère qui planent sur ce monde ont de quoi inquiéter le spectateur longtemps après la fin de la représentation. Car ce qui est tu chez Gravel demeure infiniment plus grave que ce qui est proféré.*

En découvrant *Thérèse, Tom et Simon...*, Jean-Pierre Ronfard, le premier complice, avait, lui aussi, ressenti la secousse sismique d'un spectacle annonçant une œuvre qui promettait de se déployer en plongeant dans la description clinique de l'âme québécoise. À tel point que lui, Ronfard, l'aîné, voulait retourner à l'écriture pour laisser le théâtre à Robert Gravel, l'élève qui, sur le chemin non-écrit de la création avait maintenant dépassé son maître. Le 12 août 1996, la vie en a décidé autrement.

Quoi qu'il ait prétendu, en fait, Robert était extrêmement sensible à la dureté du monde dans lequel on vit. Il était parfaitement sensible, seulement, il ne jugeait jamais les gens. Il mettait en jeu des actions, avec un certain goût pour les distorsions. Dans son imagination, il y avait un goût un peu morbide pour tout ce qui est foireux, handicapé, boiteux. Mais, sans jamais juger. Les personnages de Thérèse, Tom et Simon... ne sont pas jugés, mais ils s'expriment. Robert se documentait. Il écoutait les gens, il notait des choses. Il interviewait les gens à leur insu pour nourrir son observation corrosive de la réalité et, c'est de ça qu'il tirait son inspiration. Il disait : tout se vaut. Il avait une vue assez triste de notre monde et une volonté, à la fois de traduire ce monde et de s'en abstraire. Surtout... de ne pas chercher à le transformer.

Ne pas chercher à transformer le monde ne signifie nullement de n'en rien dire ou de rester indifférent devant ce que la réalité présente chaque jour à nos yeux. La vision apocalyptique sur laquelle se termine *Thérèse, Tom et Simon...* est-elle prémonitoire ?... À chacun d'y répondre par lui-même. Reste que ce serait offenser la mémoire de l'auteur et celles des lecteurs d'en minimiser le sens. En faisant tirer Simon, «homme ordinaire», à la mitraillette, sur un groupe de comédiens de théâtre, fut-il institutionnel, Gravel montre explicitement les conséquences tragiques qu'entraîne un tel mal-être. L'irruption de la violence que Simon ne peut maîtriser n'est pas un accident. Elle trouve son origine dans les incohérences d'une société de castes grossièrement équarries comme en témoignent les nombreux faits divers, violents et meurtriers, qui ne cessent de faire les manchettes. Et si Gravel choisit de faire de ses collègues comédiens, les victimes d'un homme ordinaire, ce n'est nullement un choix laissé au hasard. C'est la vision apocalyptique qui s'impose à l'auteur, qui n'a d'autre choix que de l'écrire avant de la représenter le plus fidèlement possible sur scène.

Claude Gravel, le frère de Robert, se souvient qu'en sortant bouleversé de ce spectacle sans rédemption, il avait soudainement pensé que rendu à ce point de non-retour, soit Robert allait arrêter d'écrire, soit il allait mourir.

Peut-être, comme en réponse à cette intuition fraternelle, longtemps auparavant, Robert avait écrit :

Mes paupières se ferment... se ferment... à peine une petite lumière persiste... je voudrais être conscient... cerner tout... avec quelques mots : amour... amitié... travail, bonheur... ennui... ennui... ennui...

Hiver 74... j'ai 30 ans... est-ce que j'aime travailler ?... le sommeil se glisse dans les veines de mes tempes... non !... je n'ai jamais aimé le travail... j'ai aimé des êtres... j'aime être avec certaines personnes... qui ?... pourquoi ?...

BLACK OUT...

Décembre 2011.

Quand on regarde quelqu'un, on n'en voit jamais que la moitié.

On n'est jamais satisfait du portrait d'une personne que l'on croit connaître. On a beau enlever les masques, il y en a toujours d'autres dessous. On ne supprime jamais le secret. Et c'est quand on croit l'avoir trouvé qu'on le cherche le plus.

La disparition de Robert Gravel nous laisse seul devant une œuvre riche et complexe qui soulève plus de questions qu'elle ne suggère de réponses. On prétend que c'est l'apanage des œuvres fortes de susciter, à travers les époques et pour chaque génération, une nouvelle lecture. Concernant *Thérèse, Tom et Simon...*, je ne suis pas sûr qu'on pourra aller beaucoup plus loin que l'auteur pour en approfondir le sens.

Tout est là, écrit noir sur blanc.

Certains, comme par exemple les chercheurs en sémiologie, trouveront ici la matière nécessaire pour disséquer une belle part de l'inconscient collectif québécois. Aux autres – la grande majorité d'entre nous – l'avenir se chargera de confirmer ou d'infirmer ce qui demeure une vision imprescriptible de la réalité québécoise.

Jean-Claude Coulbois

Diane Dubeau dirigeant la mise en scène de la version intégrale, printemps 1997.

Scène 1

Noir.

Au bout d'un moment éclate la chanson I can't get no satisfaction *des Rolling Stones.*

Les murs de l'arrière-scène et la fenêtre-vasistas de chez Simon s'illuminent en rouge pendant que s'y projettent des ombres dansantes. Dans son lit, Simon se réveille. Il ouvre les yeux d'abord. Écoute. Puis il se lève en caleçon, monte sur une chaise près de son bahut au fond et regarde par la fenêtre-vasistas d'où provient la musique en bas.

Dans l'appartement des Brochu, Monsieur Brochu, en camisole et bas de pyjama, va à sa fenêtre.

Noir.

Simon réveillé par la musique et les voix qui montent de la cour intérieure.

Scène 2

Chez Thérèse. Un party d'acteurs.

Simon regarde par les carreaux de sa chambre. Son visage est éclairé de rouge. Au bout d'un moment, le plateau tournant se met en branle et l'on découvre la cour intérieure et le solarium de Thérèse des Chênayes, la directrice du TDP, qui donne un party pour les gens de la production en cours. La musique est forte. Des verres et des assiettes avec des restes du buffet jonchent le sol. Les invités parlent tous en même temps, par groupes de trois ou en duos. Certains restent plus cois dans leur coin. Tout se passe en même temps. On ne sait plus où regarder tellement la faune est intéressamment « platte ». Les personnages sont tous ivres ou stones. On boit, on mange, on danse et on parle avec une grosse part d'ad lib. mais contenu dans un corridor propre à chacun, corridor qui sera défini à l'avance grosso modo et se précisera au fur et à mesure. On avance comme ça jusqu'à l'éclatement de la marmite qui fait finir le party en queue de poisson déprimante. Il s'agit en fait pour les comédiens d'amener imperceptiblement le focus sur certaines phrases (répliques écrites) ou certaines situations sans que

Chez Thérèse, un party d'acteurs.

le public s'en aperçoive. Autrement dit, sans procédés théâtraux. Ex : éclairage en fade in, fade out *sur l'action choisie, positions fixes pour ceux qui ne parlent pas, chorégraphies signifiant que le temps a passé, etc. Nous cherchons à créer une impression de décadence et d'atmosphère gênante pour le spectateur par une sorte d'hyperréalisme dégageant un malaise. Voici quelques didascalies générales pour les comédiens concernant leur corridor respectif. Ces indications ne seront que subliminalement saisies par les spectateurs qui ne peuvent et ne doivent pas tout comprendre… naturellement.*

Mélanie : C'est une figurante «professionnelle» et heureuse. Elle se tient à côté de la chaîne stéréo. Elle s'occupe de la musique. C'est une groupie, elle est contente d'être là et de faire partie du «milieu», point.

Sophie : C'est une actrice frustrée, depuis l'école d'art dramatique en fait. Dans un party, elle boit, fume et sniffe… Elle est un accident qui cherche à arriver.

Robert : C'est un acteur normal. Simple. Il sort avec Sophie de ce temps-ci. C'est pas nécessairement facile.

Alexandre : C'est un acteur qui se cherche à tous les points de vue. Il a besoin de changement, dans sa vie et dans sa jeune carrière. Il veut changer le théâtre.

Jean-Paul : C'est le metteur en scène du Brecht qu'ils viennent de commencer à jouer. C'est un homo cynique, extravagant et inquiétant. Il veut Alexandre dans son lit.

Florian : C'est le *dramaturg* qui a suivi Jean-Paul pendant toute la mise en scène. C'est un metteur en scène frustré, personne ne lui parle.

Roger : Il est machiniste sur la production, syndiqué IATSE comme il se doit. Il a été amené au party par Mélanie. Il mange et boit en se mêlant de ses affaires.

Geneviève : Elle joue le premier rôle dans le Brecht. Elle y triomphe. Elle trône au milieu du party, un verre à la main. Elle glousse de bonheur. Elle ne dit pas un mot. Elle jouit.

François : C'est un comédien qu'on a sorti des boules à mites. Ça fait des lunes qu'on ne l'a vu au théâtre ou au petit écran. Il est heureux de renouer avec le « milieu ».

Thérèse : Elle est directrice du TDP. Les affaires vont bien, la pièce marche. Mais sa vie sentimentale est un désastre. Ce soir, elle veut Robert dans son lit. Elle est dangereusement soûle.

Voici donc, dans cette scène, les choses qui doivent être vues ou entendues <u>obligatoirement</u> mais… jusqu'à un certain point.

Le morceau des Rolling Stones se termine. Mélanie met un autre disque. Les répliques qui suivent tantôt se chevauchent, tantôt sont concomitantes.

Thérèse et Jean-Paul arrivent du corridor un verre à la main. Thérèse regarde Robert en passant, lui met la main dans le dos en riant.

JEAN-PAUL, *à Thérèse, tout en cherchant Alexandre des yeux*
Je veux la version définitive, j'veux pas la troisième ou la quatrième version avec la promesse qu'une cinquième s'en vient. J'veux la pièce achevée sinon je la monte pas… Et j'veux pas travailler avec lui sur le texte… On la dit comme c'est écrit, je la monte comme je veux…

THÉRÈSE
C'est bon tu vas voir… Je te l'envoie porter. Ce serait pour l'automne, novembre/décembre…

JEAN-PAUL
Parce que c'est dans l'ordinateur, il pense que ça tient tout seul… Il aurait intérêt à travailler au crayon de plomb, voire même à la plume sèche. *(Il voit Alexandre qui sort des toilettes.)*

MÉLANIE, *parlant du morceau qu'elle vient de mettre*
Ça c'est du rock progressif, tantôt c'était du heavy métal. Attends! *(Elle énumère rapidement les modes musicales du siècle finissant.)* Il y a le punk,

le hardcore, l'alternatif, le grunge, le néo-punk, le power-pop, le lo-fi, le techno. Ça c'est du rock blanc pis dans le noir, y a la black music, le rap, le funk, le jazz-rock…

ROBERT
Pis le fusion.

MÉLANIE
Non, le fusion c'est la même chose que le jazz-rock.

SOPHIE, *à Alexandre*
Où c'est que tu le prends?

ALEXANDRE
Au Back Street Underground.

SOPHIE
C'est du bon en tabarnak!

ALEXANDRE
Mets-en… mais y est pas donné… *(Il donne le prix. Sophie va à la toilette.)*

FRANÇOIS, *lisant le journal à voix haute, debout près de Geneviève*
«À première vue, on était en droit de se demander ce que venait faire cette adaptation de Farquhar par l'auteur du *Cercle de craie caucasien* mais c'était

sans compter la présence de Van Damme à la barre. En effet, une fois de plus, Jean-Paul Van Damme réussit à nous étonner. Il a fait de cette pièce, somme toute une des moins intéressantes de l'auteur de *Tambours dans la nuit*, un bijou d'intelligence et de désinvolture. Il faut voir la scène du cygne et le subterfuge employé et le départ des troupes pour le Nouveau Monde, une chorégraphie pleine d'un charme presque cabotin. Les décors et les costumes de Baribeau sont somptueux comme toujours et les éclairages latéraux de Michel L'Heureux donnent des effets parfois saisissants même s'il faut déplorer la surutilisation de la fumée pas toujours justifiée. Mais dans tout ça, au-dessus de tout ça, devrais-je dire, il y a Geneviève Soulière, une jeune comédienne qui vole littéralement le spectacle. Fraîchement sortie de l'Option, elle nous donne une Victoria Balance tout en nuances et en retenue, avec un ménagement d'énergie et d'effets digne des plus grandes comédiennes de métier. Mal soutenue parfois par certains seconds rôles (je pense à Mélinda et à Bridewell en particulier), elle porte l'interprétation à bout de bras et ajoute pour ainsi dire au travail de Van Damme. Il faudra dorénavant compter avec cette jeune comédienne qui, sans contredit, est déjà une des meilleures de sa génération. Bref, courez immédiatement au TDP, toutes affaires cessantes, pour voir cette superbe production et... Geneviève Soulière. »

MÉLANIE, *baissant un peu le son*
Je m'excuse... Je m'excuse... (*On lui prête une attention médiocre, en fait on ne l'écoute pas du tout.*) Je pense que je peux prendre la parole au nom des

comédiens et des comédiennes qui sont ici… et au nom de ceux qui n'y sont pas… j'ai leur accord j'en suis sûre… Simplement pour remercier Thérèse des Chênayes pour la bonne idée d'avoir mis cette pièce à la programmation du TDP et à Monsieur Van Damme pour en avoir fait un aussi bon show… C'est un privilège de jouer là-dedans même si je fais pas grand-chose. *(Elle rit.)* En tout cas moi, un show de même, n'importe quand. Pis je voudrais te dire aussi Geneviève… je pense que tout le monde est d'accord, t'es bonne en tabarnouche… Excusez l'expression mais c'est vrai! *(Elle applaudit, on l'accompagne… Elle baisse le son complètement.)* Maintenant Sophie et moi on a préparé une petite toune un peu spéciale: c'est sur l'air des «Femmes de Gaa» dans la pièce… Ça concerne tout le monde, on a mis un petit mot pour chacun… Sophie…

SOPHIE
Lâche-moé avec ta chanson… c'est ben tapon, je t'avais dit que je voulais pas la chanter…

ROBERT
Ben non, c'est bon Sophie… voyons… c'est drôle…

THÉRÈSE, *arrivant entre eux, à Mélanie*
Mets de la musique!

Mélanie le fait. Elle est dépitée. Un peu blessée.

MÉLANIE: C'est un privilège de jouer là-dedans même si je fais pas grand-chose.

SOPHIE: Lâche-moé avec ta chanson… c'est ben tapon, je t'avais dit que je voulais pas la chanter…

FRANÇOIS, *à Geneviève*

Dans ce temps-là, la société d'État était dans l'ouest sur Dorchester… On faisait un téléthéâtre par semaine… On arrêtait pas, en direct en plus! Je te parlais de Jean-Noël Gendron… Alors voilà que mon Jean-Noël a fini toutes ses scènes dans le téléthéâtre en question, en direct, et comme il demeure pas loin de la Société sur Greene, dans ce coin-là…, il décide d'aller voir le reste de l'émission chez lui. Alors il se démaquille et s'en va chez lui, ouvre son téléviseur et s'installe confortablement dans un fauteuil; tout d'un coup, on frappe à la porte du salon… dans le téléviseur! Il voit qu'on frappe à la porte du salon… dans le téléthéâtre… Il voit ça chez lui dans son fauteuil et il s'aperçoit que c'est lui qui est supposé apparaître derrière la porte… Il a oublié qu'il lui restait une autre intervention dans le téléthéâtre, il lui restait encore un petit bout à faire… *(Ils rient.)* C'était tout un numéro ce Jean-Noël Gendron… Une autre fois au Monument, bien avant les rénovations, je parle dans les années soixante, on jouait ensemble dans une pièce de Françoise Loranger… Il y avait Jean-Noël et, entre autres une Janine Beaudouin qui est décédée maintenant… À l'entracte, Janine s'en va aux toilettes et Jean-Noël qui avait le béguin pour elle depuis longtemps s'en va dans la toilette des hommes qui était exactement à côté de celle des femmes. Nous on savait pas qu'il y avait une espèce de vasistas qui communiquait entre les deux toilettes… V'là mon Gendron qui monte sur le bol des toilettes et qui se passe la tête dans le vasistas entre deux barreaux pour voir Janine Beaudouin pisser… *(Ils rient.)* Comme elle a fini et se lève pour remonter sa culotte, Gendron vient pour s'enlever de là mais la tête lui reste prise entre

FRANÇOIS : Jusqu'à sa mort, Janine Beaudouin lui a plus jamais adressé la parole…

les deux barreaux du vasistas… Janine Beaudouin se met à crier comme une perdue, nous autres on arrive et on voit Jean-Noël la tête poignée qui marmonne n'importe quoi… Nous autres on se retient pour pas rire, on le sort de là. Il continue à balbutier, rouge comme une tomate… *(Ils rient.)* Jusqu'à sa mort, Janine Beaudouin lui a plus jamais adressé la parole… *(Ils rient.)*

Thérèse, revenue au bar, se verse une rasade. Florian s'approche d'elle.

FLORIAN
C'est pas ça, Thérèse… Tu sais que c'est pas ça.

THÉRÈSE, *buvant*
C'est pas quoi?

FLORIAN
Tambours et trompettes, c'est pas ça… Je l'ai vu à Paris en 69 lors de sa création française au Théâtre de la Ville et je peux te dire que c'est pas ça! Van Damme s'est trompé sur toute la ligne, il en a fait un amusement superficiel et ce n'est pas ça… C'est pas vrai que c'est une œuvre mineure : c'est pour Brecht un débat profond. J'ai essayé autant comme autant de le ramener dans le sens de l'œuvre, il voulait rien savoir… Il est passé à côté du débat.

THÉRÈSE, *impatiente*
À date tous les papiers sont bons et il y a du monde…

FLORIAN
Ça veut rien dire ça, Thérèse…

THÉRÈSE
Écoute Florian, tu as fait ton boulot d'accord… Van Damme est particulier, je sais, mais il y a du monde ! Y a du monde. Y a du monde ! Moi je vends des places, des fauteuils, je suis là pour vendre des places, on m'a engagée pour vendre des places, on m'a chargée de vendre des fauteuils j'en vends, voilà c'est tout. Y en a qui vendent de la bière, d'autres des journaux, moi je vends des places. *(Elle cale son verre et s'en sert un autre.)*

SOPHIE
(Première intervention «parasite». La femme de Toronto à la recherche d'un concept.)

FLORIAN, *harcelant Thérèse*
Tu sais ce jeune Allemand dont je t'avais parlé, que j'avais connu l'été dernier à Avignon, il vient de m'envoyer un texte, une pièce qu'il vient de monter à Cologne… Formidable comme texte… Il s'appelle Kuntz, Andreas Kuntz. Il est tout jeune : à peine 25 ans ! C'est l'étoile montante là-bas… C'est une pièce vraiment forte… *La nuit des femmes* que ça s'appelle… Thérèse, il faut monter ça l'année prochaine absolument. *(Il montre qu'il l'a sous le bras dans une chemise.)* C'est une distribution uniquement féminine…

THÉRÈSE
Tu me la laisses… je te reviens là-dessus…

THÉRÈSE : Tu me la laisses… je te reviens là-dessus…

FLORIAN
D'accord… mais il y a comme une urgence… je lui ai comme promis…

THÉRÈSE, *la tête ailleurs*
Je veux que Van Damme monte la dernière de Dumont à l'automne…

FLORIAN
Je pourrais peut-être m'essayer…

THÉRÈSE, *presque dédaigneuse*
Quoi?

FLORIAN
Oui… mais oui, Thérèse !… je suis dû ! Donne-moi une chance ! *(Thérèse s'est déjà éloignée.)*

SOPHIE et ROBERT
(Ils partagent les répliques pour une deuxième intervention «parasite», un pitch !)

Alexandre s'est mis à lire, assis dans le futon. Van Damme va le rejoindre.

VAN DAMME
Qu'est-ce que tu lis?

ALEXANDRE
Rabindranath Tagore… *(Il lui montre le livre.)*

VAN DAMME, *ambigu*

Tu lis du Tagore?…

ALEXANDRE, *affirmatif*

…

VAN DAMME

On te perd parfois… Ta pensée bat la campagne. *(Ça le fait rire.)* Tu rêves à quoi?

ALEXANDRE

Oh c'est pas ça… Je sais pas…

VAN DAMME

Remets Dieu dans ta vie… *(Il rit.)*

ALEXANDRE

Quoi?

VAN DAMME, *riant*

J'avais un directeur de conscience au collège, à Lyon… Quand, à la question «Qu'as-tu?», on répondait par un vague «Je sais pas», il sautait sur l'occasion pour nous dire «Remets Dieu dans ta vie»… *(Un temps.)* Quel est ton Dieu?

ALEXANDRE

Je sais pas… *(Il rit.) (Un temps.)* Non… J'ai le goût de faire autre chose, je sais pas…

VAN DAMME : Remets Dieu dans ta vie…

VAN DAMME

Comme quoi?

ALEXANDRE

Vivre autre chose... Un autre théâtre en tout cas... J'me vois aller depuis deux ans... J'travaille c'est correct.

VAN DAMME

Il est question de mettre des haricots sur la table...

ALEXANDRE

Ouais, mais c'est platte en crisse... faire du théâtre muséal pièce après pièce... Je m'excuse de te dire ça de même après... ben... celle-là...

VAN DAMME

Je t'en prie... *(Il rit.)* Je t'ai dit: les haricots... *(Temps.)* Tu parles du théâtre mort... *(Il s'amuse.)*

ALEXANDRE

Ouais... Ça veut dire quoi ce qu'on fait? *(Il montre Geneviève.)* Regarde-la. Est bonne. Une grosse présence. A fait rien! Comme on dit: A fait rien! Mais moi je veux faire quelque chose justement... Chercher... Trouver autre chose... A va se faire jeter aux poubelles, elle aussi, comme tout le monde... quand y vont être tannés d'y voir la face... comme y ont fait avec François... *(Ce dernier a entendu. Il fait mine de rien.)* Je veux pas être jeté à la poubelle comme un vieux Kleenex pis je refuse de me promener à la TV avec une carte de crédit dans le cul en disant que la vie est belle!

VAN DAMME, *riant*
Ce serait marrant! *(Temps.)* Précise ta pensée…

ALEXANDRE
Briser les conventions… réinventer… improviser, retrouver la spontanéité… le jeu… Je connais un acteur, Matthew Modine, un acteur de New York… le connais-tu? *(Van Damme hausse les épaules.)* C'est écœurant ce qu'il fait avec sa troupe, c'est comme s'ils étaient toujours à l'école, en atelier, comme s'ils se donnaient la permission de tomber à pleine face constamment… en refusant toute subvention en plusse…

ROGER, *à François*
On pouvait pas faire descendre les tables du plafond, y aurait fallu faire rentrer deux cintriers… même chose pour les faire sortir de la trappe… Ça aurait pris deux gars dans la cave pour le système hydraulique.

SOPHIE, *éclatant*
Pis moé qu'est-ce que je fais? *(Elle a probablement entendu Alexandre en allant se chercher un verre.)* Ça fait sept ans que je suis sortie pis regarde ce que je fais… *(À Geneviève.)* T'es bonne, Soulière, mais moé aussi, calvaire! Mais regarde ce qu'on me fait faire. *(Elle passe le message à Van Damme qui réagit à peine… un rictus c'est tout.)* Qu'on me donne de quoi… De toute façon chu

ALEXANDRE : Briser les conventions… réinventer… improviser, retrouver la spontanéité… le jeu…

barrée, je le sais que chu barrée, depuis l'école chu barrée… la Chevêche m'a entreprise. Dès le début, a' m'a pas laissé la paix pis Claudette Chevalier, la crisse… y m'ont toutes entreprise… Y voulaient que je fasse ma crise… « Faut qu'a' fasse sa crise ! Faut qu'a' fasse sa crise ! » Hostie ! A' m'a dit, Chevalier, que je savais pas respirer… J'y ai dit : Comment tu penses que j'ai survécu jusqu'à aujourd'hui…

ROBERT
Take it easy, Sophie…

ALEXANDRE, *à Van Damme*
Elle se cale là, elle… *(Il vient pour y aller.)*

VAN DAMME, *le retenant par le bras*
Laisse, ça crée une certaine émulation… *(Il sourit, énigmatique.)*

SOPHIE
Comment veux-tu faire ta crise quand celui qui te demande ça, tout ce que tu le voés faire – ton propre prof – c'est un *voice over* pour Toyota… Je l'ai pas *faite* ma crise… Ils l'ont pas eue…

ROBERT
T'arranges pas tes affaires…

SOPHIE
J'veux jusse qu'on me donne quelque chose…

62

SOPHIE : J'veux jusse qu'on me donne quelque chose…

MÉLANIE, *voulant être gentille*
C'est pas grave Sophie, regarde… moi là, je fais jusse figurer dans la pièce.

SOPHIE
Toé c'est pas pareil, t'as suivi un cours de diction avec Aline Tanguay pis un week-end de ballet-jazz. C'est toute. Moé j'ai faite quatre ans d'école…

Mélanie est brisée.

ROGER, *prenant sa défense*
Tu trouves pas que t'exagères…

ROBERT
C'est correct, Boudreau.

SOPHIE
Ouais, mêle-toé pas de ça, IATSE…

Pendant ce temps, Geneviève relit la critique dans le journal. Florian s'est réfugié dans un coin. Thérèse s'est écrasée dans un fauteuil en continuant à boire. Elle trouve ça drôle. Son regard cherche celui de Robert. Il la regarde parfois.

SOPHIE, *à Roger*
Qui c'est qui t'a invité icitte, toé?…

MÉLANIE, *voulant être gentille*: C'est pas grave Sophie, regarde… moi là, je fais jusse figurer dans la pièce.

ROGER

C'est Mélanie qui m'a demandé de l'accompagner…

SOPHIE

Ouais comme parasites vous autres vous donnez pas votre place! Sais-tu ce qui est arrivé jeudi à la Comédie… Savez-vous ce qui est arrivé jeudi à Comédie… le savez-vous? Y ont pas descendu le rideau… après la pièce… Les comédiens étaient là en scène comme des vraies dindes… Le rideau descendait pas… Ils l'entendaient de la coulisse, le régisseur… Il criait: «Rideau! Rideau hostie!» Savez-vous ce que le machiniste leur a dit après le show?… «Qu'il fallait que le régisseur dise: un, *Stand by* Rideau!; deux, Rideau; trois, *cue*!» y avait oublié de dire «*cue*»… ça fait que tout le monde était comme des dindes devant le public.

ROGER

C'est une question de sécurité…

SOPHIE

Une question de sécurité! Sais-tu qu'on peut le descendre nous-autres-mêmes l'hostie de rideau. D'ailleurs on les fait toutes, vos jobs, en autogéré…

ROGER

Du théâtre amateur…

SOPHIE

Ah ben hostie…

ROGER
À part de ça, j'ai pas à endurer tes cris d'hystérique… *(À Mélanie.)* T'en viens-tu? *(Mélanie fait signe que oui. Elle pleure.)*

SOPHIE, *les suivant dans le corridor*
Au Studio du Centre, ils nous ont donné un *bill* de 800 piasses, sais-tu pourquoi?… Sais-tu ce qu'ils avaient fait pendant toute la *run*: v'nir nous montrer où était le piton pour l'air climatisé…

VAN DAMME, *à Alexandre en lui passant le petit doigt sur l'avant-bras*
Tu viens parler de tout ça chez moi, tranquille?…

Alexandre et Van Damme vont partir. Civilités.

FRANÇOIS, *à Van Damme*
Merci… merci pour le rôle, Jean-Paul… Ça arrivait à point…

VAN DAMME
Ça va… ça va… tout est à ta satisfaction?

FLORIAN, *à Thérèse*
Je pose le texte sur le guéridon… *(Il sort.)*

THÉRÈSE, *à Robert*
J'ai à te parler…

VAN DAMME : Tu viens parler de tout ça chez moi, tranquille ?…

ROBERT
Qu'est-ce qu'il y a?

François offre à Geneviève de la reconduire chez elle. Elle accepte.
Civilités.

FRANÇOIS, *à Thérèse*
Merci pour ton petit mot en ma faveur…

THÉRÈSE
Ça va… *(À Robert.)* Viens t'asseoir…

SOPHIE, *revenant du corridor, à Robert*
Qu'est-ce que tu fais?

ROBERT
Donne-moi cinq minutes… *(Il lui fait signe qu'il ne veut pas froisser Thérèse.)*

SOPHIE
Moé j'me *flye* un taxi… *(Elle sort toute croche.)*

ROBERT
Attends…

Thérèse fait asseoir Robert dans un fauteuil et s'assoit sur lui.

THÉRÈSE
Robert, je veux que tu restes ici cette nuit... Je veux que tu restes...

ROBERT
Je peux pas...

THÉRÈSE
Donne-moi un baiser... *(Il le fait... Elle l'embrasse goulûment... Il se défait de son emprise.)* T'es correct... t'es un gars correct... t'es bon dans Mike... J'aime la façon que tu joues, t'es groundé...

ROBERT
Merci...

Elle déboutonne la chemise de Robert... Elle l'embrasse sur la poitrine... Elle déboutonne sa blouse, elle l'enlève... Elle l'embrasse... Il se défait d'elle, se lève.

THÉRÈSE
Robert... Robert viens ici... attends... Robert... *(Elle titube.)*

ROBERT
J'm'excuse... *(Il sort.)*

Thérèse tombe par terre à quatre pattes, elle se met à vomir... On voit Simon dans les carreaux qui la regarde. Le plateau tourne.

THÉRÈSE: T'es correct... t'es un gars correct... t'es bon dans Mike... J'aime la façon que tu joues, t'es groundé...

MONSIEUR BROCHU : Tins, v'là la « pas d'tétons » !

Scène 3

Monsieur Brochu est assis à sa fenêtre. Il fume en buvant une petite Molson à même la bouteille. À côté de lui, il y a un cendrier sur pied. C'est le soir et on entend les bruits de la rue. Madame Brochu est assise à la table de la cuisine. Elle taille des journaux en lanières. Elle fume en buvant du Crown Cola.

MONSIEUR BROCHU, *regardant dehors*
Tins, v'là la «pas d'tétons»!

Temps.

Tins le gros Saint-Onge s'en va au Dairy Queen. Y prend son char!… *(Il rit.)* Hostie!…

Temps.

Ça fait longtemps qu'on a pas vu l'Éclair-à-Bigras. Y est peut-être r'tourné en prison c'crisse-là… En anglais, y l'appellent *The Bolt*, l'éclair… Ç'a l'air qu'à partir du moment qu'y arrive à côté d'un char, ça y prend vingt-huit secondes pour ouvrir la porte, faire partir le moteur pis crisser le camp avec le char… vingt-huit secondes !… C'est Chapados de la SQ qui m'a dit ça… Y était chez RONA samedi matin… Vingt-huit secondes… Tins… Regarde, mettons qu'y arrive à côté du char… y a pas de clefs, là, lui… Attends… tins… Go ! *(Il regarde sa montre.)* Top ! y est parti avec le char…

Temps.

Tins v'là la folle du logis… A' traverse encore chez sa mère… ça fait combien de fois qu'a' traverse aujourd'hui ? Sacrament est pas capable rester en place deux minutes, tabarnak !… Si était capable d'aller rester chez sa mère avec son crisse de flanc mou, j'pense qu'a resterait là ! *(Il s'appuie sur son coussin.)* Sainte-Hostie, tu pars de chez vous, t'arrives en âge de partir de chez vous pis tu t'en vas rester en face devant chez ta mère. Y en a qui fèsent durs !

> *Il finit sa bière. Il dépose la bouteille le long du mur avec les autres vides. Aussitôt, Madame Brochu se lève et va lui en chercher une pleine dans le frigidaire. Elle la place sur le cendrier sur pied, puis retourne à ses occupations. Temps.*

T'sais que c'est un de ses frères à elle qui avait été dénoncé parce qu'y enfermait sa femme dans une boîte en bois la nuit parce qu'y disait qu'il avait peur qu'a' le trompe… Ben oui, ça avait été dans le journal… Y restait su' Préfontaine… Y enfermait sa femme dans une boîte en bois qu'il avait construite au pied de son lit parce qu'y disait qu'y avait peur qu'a' le trompe !

MONSIEUR BROCHU : Y en a qui fèsent durs !

Mais ç'a l'air qu'y en profitait pour fourrer avec la sœur de sa femme pendant c'temps-là… *(Il rit.)* Hostie !

> *Temps. Il se penche par la fenêtre.*

Tins les v'là encore, hostie… Heille y a chose… celui qui joue dans ton programme… Comment tu l'appelles ?…

> *Bruits de portes subliminales. Bruits de friture.*
> *Noir.*

MONSIEUR BROCHU : Heille y a chose… celui qui joue dans ton programme…

Simon se fait cuire de la saucisse.

Scène 4

Simon se fait à manger sur son réchaud électrique. Il se fait cuire de la saucisse. On entend le bruit de la friture. Puis éclate I can't get no satisfaction. *Simon ne bronche pas. Il regarde dans le vide. Bruits de friture. Noir. Sonnerie de téléphone. Bruit de quelqu'un qui pisse. Bruits de porte au loin.*

Madame Brochu est au téléphone. Elle ne dit rien. De temps en temps, elle fait « Han… »
On entend la chasse d'eau. Monsieur Brochu revient à sa fenêtre.

Scène 5

Madame Brochu est au téléphone. Elle ne dit rien. De temps en temps, elle fait « Han… » On entend la chasse d'eau. Monsieur Brochu revient à sa fenêtre. Temps. Madame Brochu raccroche.

MONSIEUR BROCHU, *à sa femme*

Ta sœur?…

Madame Brochu continue son découpage de journaux.

V'là « Pinottes »… Y doit r'venir du stade…

Temps.

Tins, v'là « Cou croche »… Y a changé son char… Y est r'tourné à Blue Bonnets…

Temps.

Son père a le Parkingson, j'savais pas ça… C'est chose qui me racontait ça… Mais y tient encore sa binnerie su' Ontario. Y est drôle en crisse: y a le Parkingson ça fait qu'y fait toujours signe que non… *(Imitant un client.)*

MONSIEUR BROCHU : Y prétendait qu'y était capable de descendre la côte Chapleau
avec un bécik à commandes, plus vite que n'importe qui...

«Avez-vous des *Fish and Chips*?» Y fait signe que non pis y dit: «Oui, j'en ai!» *(Il rit.) (Imitant.)* «As-tu d'la poutine?» *(Il fait signe que non de la tête.)* «Oui j'en ai!» *(Il rit.)*

Temps.

J'sais pas si Ti-Kye va faire d'la galerie à soir?… J'sais pas si sa mère va y faire prendre l'air?… As-tu vu comment c'qu'y est amanché? Y s'est pété les deux clavicules pis trois côtes… À c't'heure-là normalement, sa mère le met sua galerie pour y faire prendre l'air…

Temps.

C'est lui qui portait les commandes pour Poirier avec le gros bécik… le gros bécik à trois roues. Y descendait pas assez vite à son goût, ça l'air… Y prétendait qu'y était capable de descendre la côte Chapleau avec un bécik à commandes, plus vite que n'importe qui… Hostie, y en a qui fèsent dur en tabarnak!

Tins l'Hindou qui s'en va… Lui y a un poignard su' lui… Y faut qu'y aye un poignard su' lui, ça l'air…

Y s'est dit, à un moment donné – c'est chose qui me racontait ça, Collin, qui travaille chez Poirier… Y s'est dit, à un moment donné, que la… le… le bécik à trois roues, y pognait trop dans le vent… *(Il rit.)* Y s'est mis à driller des trous partout… dans le panier en métal, dans le *steering*, dans barre, en d'sous du banc partout… Y perçait des trous avec une drille pis une mèche à métal. Y perçait des trous… pour que l'air passe! *(Il rit.)* Pis y s'*timait*, ça l'air qu'y s'*timait*… À fin y descendait la côte Chapleau en s'timant… *(Imitant Ti-Kye.)* «J'ai descendu en 3 point 8… j'ai descendu en 3 point 8…» Tabarnak! Tu comprends y était content quand y allait porter une commande en haut de Sherbrooke, y pouvait descendre la crisse de côte… *(Imitant.)* «Y a-tu des commandes pour en haut? Y a-tu des commandes pour en haut?» Pis là y r'venait… «J'ai descendu en 3 point 5… j'ai descendu en 3 point 5…!» Ça prend-tu un tabarnak d'insignifiant!

Temps.

Y descendait jamais assez vite… Collin dit qu'y voulait briser la barre du trois secondes… C'était des affaires qu'y avait vues à TV… anyway. L'hostie d'bécik pognait dans l'vent! Ça fait qu'y drillait encore des trous : Zzzzrr… Zzzzrr… Zzzzrr… Y drillait des trous partout tabarnak. *(Il rit.)* À un moment donné, le bécik a pété en deux… en bas de la côte, le bécik a pété en deux au coin Hochelaga pis Chapleau… *(Il rit.)* C't'a pas beau à voir ça l'air… C'est Collin qui m'a raconté ça… Y s'est pété les deux clavicules pis trois côtes ça l'air…

Temps.

As-tu vu comment çé qu'y est amanché? *(Il mime la position de Ti-Kye.)* Y est d'même… sa mère, a' l'assis sul balcon, y est d'même… *(Il mime en riant.)* Sainte-Hostie y en a qui fèsent dur…

Temps.

Tu comprends ben, sa mère c'est pas surprenant qu'alle aille tué un crapaud au Raid… *(Il rit.)* A' peut ben avoir tué un crapaud au Raid, Sainte-Hostie ! Sa mère… y avait un crapaud dans son hangar ç'a l'air. C'est sa fille qui a vu le crapaud… Ça fait qu'a' crié : «Y in crapaud dans l'hangar ! Y in crapaud dans l'hangar !» Sa mère a fait ni une ni deux pis a va charcher la cannette de Raid, pis a *spray* le crapaud avec : pssssschhhhh… *(Il rit.)* Le crapaud ça l'air que su' l'coup y a rien fait'… Le crapaud est resté là comme saisi ! *(Il rit.)* Le crapaud d'vait s'dire les pluies sont acides en tabarnak dans l'coin ! *(Il rit.)* Ça fait qu'alle l'a splashé encore… là y est v'nu pour jumper mais y était pas fort ça l'air… *(Il rit.)* A' y a donné une autre *shot* : là y s'est comme viré su' l'dos. Y était jaune orange ! *(Il rit.)* Heille, y en a qui fèsent dur en tabarnak !

> *Il cale sa bière au complet. Madame Brochu va lui en chercher une autre. Bruits de portes au loin. Lumière dans l'appartement dit «de la Sainte-Vierge.» Quelqu'un essaye d'entrer. On joue avec la poignée. Retour chez les Brochu.*
>
> *Monsieur Brochu se penchant dans la fenêtre sur son coussin.*

Tins v'là Karl qui s'en va promener le chien de la propriétaire…

Temps.

MONSIEUR BROCHU : Ça me surprendrait pas qu'une bonne fois la police montée vienne le chercher…

Lui… C'th'ostie-là, y a l'air ben fin, ben smatt comme ça… mais… *(Il fait un air comme s'il comprenait quelque chose.)*

Temps.

Lui ça me surprendrait pas qu'une bonne fois la police montée vienne le chercher… Heu heu heu heu! *(Il fait signe à sa femme qu'il sait de quoi il parle.)* Y promène le chien, y aime les animaux… Y nourrit les pigeons pis les écureuils… au parc, je l'ai vu… Y a toujours des pinottes dans ses poches, y est ben fin avec tout le monde… surtout y aime ben les enfants… *(Il rit, énigmatique.)*

Temps.

Mais le monde qui aime ben les enfants… *(?!?)*

Temps.

Ça me surprendrait pas qu'une bonne fois la police montée vienne le chercher… Son deuxième nom sais-tu c'est quoi? Komenda!… Komenda, ouais… Ha Ha… C'est tchèque ou pollock… mais ce crisse-là tout le monde pense qui s'appelle Kelly… Y reçoit sa malle au nom de Paquette, la bonne femme qui le fait vivre… A' le fait vivre, j'veux dire sa bonne femme Irène Paquette qui reste au 3, a l'fait vivre… Mais c'est en plein le genre à s'être occupé d'un camp de concentration… Heun heun heun… *(Il rit.)* Ça ça l'a

MONSIEUR BROCHU: Ça ç'a l'air d'un saint mais c'est en plein le genre à s'être occupé d'un camp de concentration…

soixante-dix, soixante-quinze certain… Un blond avec des yeux bleus… Ça ç'a l'air d'un saint mais c'est en plein le genre à s'être occupé d'un camp de concentration… Check ben l'affaire… y é pognent toutes… un jour ou l'autre y é pognent toutes… quand ben même qu'iraient s'cacher dans jungle ou ben à Saint-Michel-des-Saints, y é pognent toutes… Qu'est-cé que tu veux, c'est normal… Faut qu'ils payent un peu… y ont eu du fun en crisse… *(Il rit.)* Sainte-Hostie y s'sont payé la traite! Faut que tu souffres un peu en échange, c'est normal… Mais une bonne fois check ben a *game*… Comme le gros qu'on avait vu à TV qui travaillait sur une chaîne de chars à Détroit… On l'avait vu à TV: Envoye icitte mon gros crisse! C'ta un bon père de famille ç'a l'air… toutes les enfants l'aimaient!… Ouais! *(Il rit.)* Envoye icitte pareil! C'ta le FBI qui était v'nu l'chercher… Y était impliqué dans des travaux communautaires pis toute… ça se pouvait pas! *Oh yeah!*… Y s'débattait, on l'avait vu à TV… Lui ça l'air que quand y envoyait les femmes s'faire faire un rasage complet… son fun ç'a l'air c'était de les faire rentrer tout nues dans les baraques où y allaient se faire raser en leur donnant des coups de baïonnette dins fesses… Elles rentraient dans les baraques avec des lambeaux de chair qui leur pendaient dans le derrière… Sainte-Hostie! *(Il rit.)*

Il se lève debout, se penche par la fenêtre et regarde plus loin. Le téléphone sonne dans l'appartement dit du «répondeur». Un coup, deux coups, trois coups, quatre coups… Dans le lit, la poupée gonflable ne bouge pas.

Les Chinois sont encore devant chez Bissonette. Bissonette dit qui passent la journée devant son magasin dans leur char… y font rien, y font jusse r'garder son magasin… Une fois v'là deux mois, y sont rentrés pis y y ont dit qu'y voulaient acheter son dépanneur… y parlaient en français… Bissonette m'a dit qu'y z'avaient pas voulu y donner son prix… Y dit: J'leu' z'ai dit c'est «tant», y ont pas voulu pis s'en sont r'tournés dans leur char… Depuis c'temps-là qu'y r'gardent la devanture de son magasin… 'sont graves en crisse eux autres! Y viennent d'acheter Beaulieu sur Papineau pis la pharmacie Joly au coin de Rachel… Bissonette m'a pas dit combien y leur avait demandé… y a peut-être dit 500 000… peut-être 800… C'est d'l'argent en crisse mais on sait jamais… Y m'a jusse dit qu'y voulait câlisser son camp en Floride pour longtemps… Mais eux autres sont là pis y attendent… J'imagine si y ont faim qu'y peuvent se faire venir du chinois… *(Il rit.)* Y veulent peut-être l'avoir à l'usure comme la goutte sua tête… Sont graves en crisse eux autres… C'est un vieux peuple… faut faire attention avec les vieux peuples… *(Il regarde sa femme.)* As-tu d'quoi?

> *Sa femme se lève et va dans le bas de la dépense. Elle sort une bouteille de gros gin et lui en verse un* shooter. *Elle le lui apporte. Brochu «chase» puis s'allume une cigarette.*

Ouais parlant de Bissonette, la femme blonde qui restait au-dessus, celle qui travaillait chez Remix… ç'a l'air qu'a' s'est tuée… C'est Chapados de la SQ qui m'a dit ça…

> *Bruits de portes. Échos.*

Y nous parlait de ça chez RONA... Eux autres, y voyent ben qu'y a un paquet de monde qui se suicide sur les routes... Y voyent ça par les marques de pneus... Y savent si le gars a essayé de braker ou pas, y voyent ça eux autres... Les gars rentrent dins piliers, envoye donc, bye bye la visite! Y disent que les gars se sont endormis au volant... dans leur rapport j'veux dire... Chapados y dit que c'est plus simple d'écrire que les gars se sont endormis au volant, mais y voyent ben eux autres avec les marques de pneus... les gars endormis souvent y s'réveillent jusse avant l'impact pis y brakent en tournant vers la gauche généralement... vers la gauche comme pour se protéger, mais paf! y rentrent dans le mur pareil... Mais les gars qui veulent se tuer, eux autres y brakent pas, y accélèrent... C'est lui qui nous disait ça, y voyent ça avec les pneus... les marques j'veux dire. Mais la femme en haut d'chez Bissonette, Daigneault qu'y a dit qu'a' s'appelait... a' s'est pas tuée en char, a' s'est jetée en bas d'un *overpass* sur Décarie... pis du mauvais bord... Ç'a l'air qu'un suicidé qui se jette du bord du trafic, face au trafic... moé chus là dans mon char, j'm'en viens, j'vois tomber le suicidé... je brake... je le vois, j'brake. Tout le monde brake... y a moins de chars qui lui passent sul corps, y s'trouve à être moins magané... Mais quand le suicidé se jette de l'autre bord de l'*overpass* en arrière du trafic, du mauvais bord comme qu'on pourrait dire, personne le voit, à part une couple de chauffeurs qui sentent ben qu'y passent sur quelque chose de dur... mais ça leur prend du temps pour arrêter parce que les autres leur poussent dans l'cul... tu comprends? Chapados dit que dans c'temps-là, le trafic est arrêté pour longtemps en crisse... parce que là eux autres il faut qu'ils retrouvent toutes les morceaux... Y peuvent pas en laisser des bouttes traîner... Là y dit qu'y se mettent à

cinq ou six avec chacun leur poche... Y appellent ça des «têtes d'oreillers»...
pis là y cherchent les morceaux du corps en-dessous des chars, dins fossés
partout... pis là y dit qu'y s'font des meetings pour se montrer le stock qu'y
z'ont... «Moé j'ai un bras, un pied...» «Moé j'ai une jambe pis un morceau
du tronc.» L'autre dit: «Moé j'ai la tête...» Etc. Jusqu'à temps qu'ils l'ayent
au complet. Y r'partent avec leurs «têtes d'oreillers» jusqu'à temps qu'ils
l'ayent au complet... C'est ça que la femme d'en haut de chez Bissonette a
faite... A' s'est crissée en bas d'un *overpass* du mauvais bord... Alle avait rien
sur elle à part une brosse à cheveux pis sa carte de guichet. C'est comme ça
qu'y ont su que c'était elle...

Temps. Bruit de portes. Sa femme et lui se regardent.

Chapados racontait ça... le mois passé sur Côte-de-Liesse... y ont eu un
call... Y arrivent là, en face de Toyota... y a un char ça l'air qui vient d'rentrer
dans clôture en métal qui sépare le trafic sur le remblai. Le char est là, le
windshield est fracassé en avant pis la vitre en arrière aussi... Le chauffeur est
encore attaché sur son siège pis sa femme aussi est encore attachée à côté de
lui pis 'est hystérique... Le gars a perdu le contrôle ç'a l'air pis y est rentré
dans clôture en métal... Sa femme est hystérique pis lui y a pas l'air à avoir
grand-chose: y saigne d'un œil pis y pousse des râlements... Y est encore
attaché sur son siège... Là, à deux cents pieds derrière, y a une police qui
trouve une casquette des Expos... mais est comme poignée après un long
tuyau de la clôture qui a été arrachée par le char... la casquette des Expos
est comme empalée après le tuyau. Là, y s'aperçoivent que le gars a un trou

Temps. Bruit de portes. Sa femme et lui se regardent.

en arrière de la tête… Y s'aperçoivent que le tuyau de la clôture y est passé à travers la tête, par un œil, pis par le bas du crâne en arrière de la tête, en emportant la casquette des Expos… Le gars y est mort pas longtemps après mais y était pas mort sur le coup, y râlait quand y sont arrivés ! Eux autres y étaient là pis y le regardaient, Chapados a dit… Y pouvaient rien faire d'autre que de le r'garder…

Temps.

Tins, Ostiguy qui arrive avec un paquet… Y a dû aller s'acheter des couches chez Jean Coutu, y fait dans ses culottes c'crisse-là !… Y faut qu'y porte des couches… comme le pape ! Le pape ç'a l'air, qu'y est tellement longtemps des fois sans pouvoir aller chier, qu'y porte une couche… Des fois, tu le vois à la TV, y sort de l'avion, y embarque dans son char pis y salue la foule tout le long, y débarque pour se recueillir sur une tombe quelque chose, y rembarque… Y s'en va dire une messe en plein air… tu le vois tout le temps, y a toujours une caméra dessus. Mais lui, y faut ben qu'y chise des fois… t'as beau être le pape ! Y a une couche ça l'air !

Brochu regarde sa montre… Les corridors s'allument… Ils sont déserts… Brochu termine sa bière, Madame Brochu lui en apporte une autre. Puis elle retourne au frigo et revient avec le gros pot de langues dans le vinaigre. Elle verse une partie du contenu dans une soucoupe qu'elle place sur le coin de la table. Elle va chercher les biscuits soda. Durant le récit qui suit, Monsieur Brochu va manger quelques langues de cochon tout en parlant .

L'hiver passé à Beaconsfield sur la 40, Chapados racontait ça, y a un char qui s'en vient vers l'est pis qui se trouve à un moment donné à être coincé entre deux vannes... Comme y vient pour dépasser, y en a une des deux qui fait jusse le poigner sur l'aile d'en arrière...

Une ombre passe dans le corridor... Le corridor s'éteint...

Y s'en viennent à 130, 140 eux autres, là... Le char se met à faire du vol plané pis y passe par-dessus le terre-plein dans le centre, pis y arrive dins airs face à la circulation dans le sens contraire!... Là le char arrive sur un autre char pis y arrache le toit pareil comme si y avait ouvert une boîte de sardines... y arrache le *top* ben *clean*... Là Chapados y dit: «On arrive sur les lieux... C'est l'hiver pis y fait frette en crisse...» Y trouvent le chauffeur attaché à sa place, le chauffeur du char qui a pus de *top*... le gars se trouve à s'être fait chopper le dessus du crâne, jusse le dessus du crâne... Y s'est fait scalper en fait... Y est mort évidemment mais le crâne fume... y fait tellement frette que le crâne y fume... Y fait de la boucane... Ça fait qu'ils recouvrent le gars avec une toile en attendant le renfort, mais là à chaque fois qu'y a un nouveau char de police qui arrive, Chapados y dit que pour le montrer à leurs confrères y z'enlèvent la toile de d'sus le gars... Ça fait qu'à chaque fois ça se met à fumer... comme des signaux d'Indiens dins vues... Les gars tu comprends ben qu'y trouvent ça drôle en crisse pis y font quasiment exprès pour enlever la toile... Mais là, à un moment donné, y reçoivent l'ordre de le détacher pour le sortir... y y enlèvent sa ceinture... hostie v'là-tu pas le corps qui tombe sur le côté pis la cervelle qui se met à couler sur le banc... Chapados y dit: «Sacrament, on était là qu'on essayait d'y r'rentrer ça avec nos mains... Sainte-Hostie... On avait des gants mais n'empêche...»

Bruits de tam-tams subliminaux. Bruits de portes. Dans le corridor, trois Iroquois semblent guetter quelque chose. Noir.

Bruits de tam-tams subliminaux. Bruits de portes. Dans le corridor, trois Iroquois semblent guetter quelque chose.

SIMON : Comment allez-vous ?

Scène 6

Dans l'escalier, Simon rencontre Madame Dionne.

SIMON
Comment allez-vous?

DIONNE
Je vais bien, je vous remercie, et vous?

SIMON
Ça va bien merci. *(Léger temps.)* Il fait un temps superbe.

DIONNE
Je n'ai malheureusement pas eu beaucoup de temps pour en profiter. Si je vais bien, en revanche j'ai une cousine qui est tellement mal en point que j'ai décidé de l'aider… et j'ai dû lui accorder pas mal de temps.

SIMON
Cela vous honore…

SIMON : Avait-elle de la parenté immédiate qui aurait pu l'aider ?

DIONNE

Oh enfin, je ne sais pas. Ça fait deux semaines que je multiplie les démarches auprès du CLSC près de chez elle pour qu'ils la sortent de sa maison. Mais c'est tellement compliqué sans l'accord du mari. Il ne voulait absolument pas. Nous avons dû le convaincre que sa femme avait besoin d'aide rapidement et qu'elle devait être traitée dans un hôpital psychiatrique. Finalement, il s'est rendu à notre demande ce matin. Nous avons réussi à le convaincre : le médecin, garde Martel qui s'occupe du cas et moi. Mais ç'a été compliqué.

SIMON

Avait-elle de la parenté immédiate qui aurait pu l'aider ?

DIONNE

Elle a des sœurs en effet, mais elles ne veulent rien savoir d'elle. J'en ignore les raisons d'ailleurs... J'avais vu ma cousine à Pâques. J'étais allée lui rendre visite par hasard, en passant... elle habite dans le Nouveau-Rosemont... C'est le mari de ma cousine, Marc-André, qui m'avait répondu. Il me dit comme ça qu'elle est dans le sous-sol... qu'elle est toujours dans le sous-sol. J'étais intriguée. Je suis descendue. Effectivement elle était là au milieu du sous-sol. En me voyant, elle s'est mise à faire «Euuuh... Euuuuh...» sans arrêt... Elle n'arrêtait pas de faire «Euuh... Euuuh...» comme un... oiseau quelconque... J'ai essayé de lui parler, de lui poser quelques questions... Elle me répondait par ses «Euuuh... Euuuh...» Là je me suis dit que c'était grave et, après avoir pris des informations chez les voisins à l'insu de Marc-André, j'ai décidé de procéder.

DIONNE : Elle me répondait par ses « Euuuh… Euuuh… » Là je me suis dit que c'était grave et, après avoir pris des informations chez les voisins à l'insu de Marc-André, j'ai décidé de procéder.

SIMON
Il y a sûrement des raisons derrière ça?

DIONNE
Vous comprenez, son mari Marc-André n'a jamais voulu qu'elle travaille. Il disait qu'il pouvait subvenir à leurs besoins, seul. Au début de leur mariage, ma cousine travaillait comme réceptionniste chez Georges Hébert, les comptables sur le boulevard. Elle était attrayante et s'arrangeait bien. Elle était heureuse et aimait le monde. Puis Marc-André lui a demandé d'arrêter de travailler et de rester à la maison. C'est à partir de ce moment-là qu'elle a commencé à dépérir. Elle s'est mise à s'habiller en noir, elle portait une grosse croix au cou... les stores étaient toujours baissés, c'était effrayant semble-t-il. C'est sa sœur Aline qui m'a raconté tout ça... À un party du jour de l'An, Marc-André était allé avec elle chez sa mère qui se trouve à être ma tante... C'est là que je l'avais revue pour la première fois en dix ans... Au cours de la soirée, à un moment donné, sans avertissement, elle s'était mise à dire: «Les vampires... Hé les vampires!» la voix toute changée, un peu caverneuse comme ça: *(Elle l'imite.)* «Les vampires... Hé les vampires!» Ma foi, même sa peau avait changé de couleur! Elle était comme grise, presque verdâtre... Tout le monde avait ri je me souviens... mais moi je sentais que quelque chose n'allait pas. Puis le temps a passé et ça m'est sorti de la tête. Mais cette fois-ci en la voyant dans son sous-sol, je me suis dit que là ça suffisait...

SIMON
Bravo! *(Léger temps.)* J'ai connu un jeune homme qu'on avait retrouvé dans sa chambre de bain, assis par terre, complètement nu et en état de panique

SIMON : Je m'en vais au nouveau marché Métro qui vient tout juste d'ouvrir sur Boucher... Vous y êtes allée peut-être ?

avancée. Ça faisait quelques jours... personne n'avait eu de nouvelles de lui, il ne venait plus au bureau. Nous avions été obligés de défoncer la porte arrière avec la présence de policiers pour entrer dans son appartement. Nous l'avions trouvé dans sa chambre de bain, complètement nu, assis par terre en sueur et en larmes... Il avait déchiré une grande serviette de bain avec ses dents... Il l'avait déchirée en petits carrés tout petits... avec ses dents... Au moment de notre arrivée, il avait commencé à déchirer une débarbouillette... toujours avec ses dents. Le téléphone était par terre dans le corridor... il le regardait fixement en déchirant sa débarbouillette. Nous avons su un peu plus tard qu'il souhaitait téléphoner à une jeune femme qu'il avait rencontrée à la cafétéria du building où nous travaillions. Il avait trouvé son numéro de téléphone et il voulait l'inviter au cinéma... mais il était terrorisé... Il la trouvait de son goût mais il y avait un a... abîme... devant lui. Nous avions fait quelques démarches discrètes auprès de la jeune femme en question afin de venir en aide à notre ami en provoquant une petite rencontre peut-être... une rencontre amicale... Or la jeune fille ne comprenait rien à cette histoire, elle se souvenait à peine de lui et elle était fiancée en plus... Nous ne savons pas...

Temps.

DIONNE
En effet...

SIMON, *des regards*
Je m'en vais au nouveau marché Métro qui vient tout juste d'ouvrir sur Boucher... Vous y êtes allée peut-être?

DIONNE

Pas encore, mais je me promets bien d'aller y faire un tour…

SIMON

C'est très spacieux et je trouve qu'ils ont une belle présentation de comptoirs… les viandes froides et les fromages en particulier. C'est très soigné et le choix est vaste. On voit une bonne épicerie à ses présentations et à ses choix je pense… Ma mère m'avait habitué à Bonichoix… mais là, j'ai l'impression que je vais passer du côté de chez Métro !

DIONNE

Hier, je suis allée au Club Price pour la première fois. Des amies de filles à la Caisse avaient décidé de m'y amener… j'ai été absolument sidérée devant la quantité de marchandises et l'énormité de l'endroit ! Elles voulaient que je m'abonne mais j'ai refusé… J'ai quand même acheté un peu de café rien que pour dire que j'avais acheté quelque chose… enfin je dis un peu de café. *(Elle rit.)* Vous devriez voir la boîte… Hon ! c'est énorme… je crois que c'est Fogsberg la marque, ou Forster… enfin… J'en ai pour deux ans ! Ma foi du bon Dieu ! *(Elle rit.)*

Temps.

SIMON

Un bon café c'est tellement bon…

Temps.

108

DIONNE

Bon… j'vais aller faire un petit tour dans la cour intérieure… Il semble que le vent ait emporté un petit lavage que j'avais étendu ce matin… C'est probablement tombé dans les plates-bandes de la propriétaire…

Fade out *au noir. Bruits de portes.*

La salle du restaurant Chez Oscar.

Scène 7

Note de l'éditeur : Cette scène du restaurant a été recomposée à partir des notes et des documents laissés par Robert Gravel, par un comité formé de Diane Dubeau, Alexis Martin et Luc Senay. Les didascalies sont à considérer comme des lazzi et les répliques laissent place à une réécriture, sinon à de l'improvisation. La scène est présentée ici en respectant le plus possible la mise en page du texte dactylographié remis aux comédiens pour les répétitions. Dans les pages où le texte est en colonnes, la longue réplique de Rosaire (colonne de gauche) est récitée parallèlement à ce qui se dit ou ce qui se passe aux autres tables et ailleurs dans le restaurant (colonne de droite) où chaque comédien parle en crescendo jusqu'au plein volume puis baisse le ton, alors qu'un autre lui succède.

Au restaurant. Sont déjà arrivés : tous les syndicalistes, Simon, la Fille qui s'ennuie, l'Homme aux énigmes et, à la table de Sainte-Croix : Martineau, Desnoyers, Samson (au restaurant pour la première fois) et Monette. Ces derniers prennent l'apéro…

MONETTE

J'ai fini par rejoindre Marcel Thomas… par son père… Il travaille à Pinel, il est psychologue… Il pouvait pas être là ce soir mais il va être là probablement le mois prochain…

SAMSON

Lui as-tu dit que c'est chez moi en août ?

MONETTE
Non j'ai pensé qu'on pourrait régler ça la prochaine fois.

SAMSON
Y a Verrette que j'ai jamais rejoint… J'avais dit que je m'en chargerais… je l'ai pas rejoint pantoute…

Les serveurs de Chez Oscar.

HENRI, *à propos du baloné*
Les pourboires sont pas forts de c'temps-là… Il va falloir manger du baloné c'mois-ci.

CLÉMENT
Tu l'feras bouillir pour en avoir plusse.

À la table des syndiqués.

JOHANNE, *racontant à Nicole*
… On se promène dans son char, on fait le tour du bloc… Y a peur d'être suivi par les flics de sa femme… mais… Il me respecte beaucoup ! y m'a pas encore touchée.

Guy et Firmin discutent de programmes d'ordinateur.

Tom et Trempe arrivent à la table de Sainte-Croix. Civilités.

MARTINEAU, *à Tom*
Hey Tommy baby ! How's the fucking buns ?

DESNOYERS, *à Trempe*
J'ai un p'tit bouton sur le bout de la queue, c'tu grave ?

TREMPE
Passe au centre la semaine prochaine. J'vas te brûler ça. *(À Monette.)* À part de ça ? Toujours garçon ?

MONETTE
Oh s'il vous plaît, on parle pas de ça.

MARTINEAU
Pis Tom Boy.

TOM, *avec humour*
Je suis fait à l'os. Je suis lavé.

Tom raconte son divorce : que la pension alimentaire dont il donne le montant, directement prélevé sur son chèque de paye... que sa femme a pas voulu faire enlever cette clause-là... Y aurait fallu qu'elle soit d'accord, parce que c'est automatique à moins que les deux demandent d'être exemptés...

La table des anciens du collège Sainte-Croix

ROSAIRE

Où s'en va Montréal? Le trou du beigne, le trou du beigne, c'est là qu'on s'en va à moins de revirer la vapeur rapidement... Il faudrait dire: Montréal a déjà toutes les infrastructures. Bon, pis y a les infrastructures pis ça coûte pas plus cher de taxes qu'ailleurs... donc y a un avantage d'aller s'installer à Montréal, un avantage pour la proximité des services, balancé par le désavantage d'être un peu proches les uns des autres... Mais y aurait un avantage financier d'être logé à Montréal.

Pour les politiques d'habitation, c'est évident si vous allez demander à Monsieur Gardiner, y va vous dire que c'est terrible de couper les subventions comme Québec et Ottawa font... Mais c'est parce que Québec et Ottawa doivent payer la note des HLM pis y ont pas les moyens pour la payer, donc y coupent, on revient à la case départ. Ça coûte tellement cher qu'y ont dit: non, on a pus les moyens de faire ça... Y ont assez de logements sociaux qui leur coûtent à tous les mois une fortune, y ont dit: non, assez c'est assez... ça fait que c'est ça qui est le freinage. Monsieur Gardiner va

À la table des syndiqués, le discours de Rosaire commence ici. On l'entend pendant un certain temps.

Arrivée de Thérèse et de l'Amant potentiel.

À la table de Sainte-Croix.

MARTINEAU
Pis toi, Doc?

TREMPE
Je comparais comme témoin pour une action en Cour supérieure. Y a un médecin au centre chez nous qui aurait perforé l'intestin d'un patient... *(À propos de l'intestin perforé, il dit que :)*
• Un de mes collègues a, lors d'une colonoscopie, peut-être perforé l'intestin d'un patient. C'est très rare. Ça peut arriver.

La table des syndicalistes

FERNAND: Comment allez-vous, Messieurs?

FERNAND : Un restaurant sans moi ne peut être que médiocre. Qu'est-ce que vous buvez?

dire : «Oui, Ottawa, c'est épouvantable, Ottawa, c'est épouvantable qu'est-ce qu'y fait...» mais l'argent faut qu'a vienne de quelque part pis Ottawa veut pas taxer les gensses plus qu'y sont déjà taxés.

Québec et Ottawa commencent à comprendre que ça coûte trop cher... Y commencent... pis Montréal tant que l'argent continue à rentrer facilement y ont pas besoin de comprendre... Mais là... cette année, là... eux autres y ont pas compris qu'on vit dans une période de récession... pis cette année effectivement à Montréal, y auraient dû stabiliser les taxes... ne pas augmenter les taxes ça veut dire couper... ça veut dire couper... ça veut dire couper dans des services qu'on considère essentiels? Oui, on commence par enlever la graisse pis il faut aussi couper dans de l'essentiel...

C'est quand on commence... c'est quand on parle de graisse, là... on peut parler de la croix du Mont-Royal tout en couleurs... on peut parler de la fenêtre du maire... on peut parler de toutes sortes de choses... y en a... tous les jours on en

• Après l'examen le gars est rentré chez lui. Mal à l'abdomen. Revient d'urgence à l'hôpital quelques heures plus tard.
• Cette journée-là, j'étais le seul médecin qui pouvait opérer d'urgence...
• Une opération qui dure quatre heures... l'intestin était perforé...
• Y poursuit... 100 000 $ Faut que j'aille témoigner, c'est moi qui a trouvé le trou. Cour supérieure. Semaine prochaine. Difficile à prouver. D'un sens ou de l'autre.

MARTINEAU

Parlant de ça, vous savez que Laurent a sauvé la vie à mon gars...

(Il raconte l'histoire de la fissure anale : il dit que...)
• Mon gars avait une fissure à l'anus. C'était grave. Ça fait mal. Hémorragie.
• Il pouvait plus aller chier... Trempe a fait l'opération. Réussie.

trouve des nouvelles… ça c'est du gras, ça… Mais y a aussi d'autres affaires qui sont dans du maigre qu'y faudrait aussi couper… parce que le vrai problème c'est que les gensses n'ont pas les moyens de payer les taxes… On peut se dire: on veut donner des services… mais les gensses peuvent pas payer donc on coupe les services pis les gens payeront moins… Là, nous autres, depuis deux mois ici, on fait des rencontres avec des propriétaires pour les aider à contester leur évaluation… Chaque personne qui vient ici est terriblement agressive contre les taxes pis plusieurs se demandent: «Quand est-ce que je vais perdre ma maison?» Fait que là, il faut changer notre fusil d'épaule… pas dire jusse on continue à dépenser pis on taxe… mais il faudrait penser comme la population, dire: écoute, là, il faut donner une chance pis ne pas augmenter les taxes… donc faut couper les services… ben on coupera les services.

Pour le problème de l'étalement urbain, en coupant les taxes on va encourager les gens à venir se construire en ville et à acheter des maisons en ville… pis les mal logés eux autres… j'vas vous

SAMSON, *à Trempe*
Tu te spécialises dans le bas du dos… C'était-tu à cause de ses premières amours?…

MARTINEAU
Come on!

Le maître d'hôtel, Fernand, arrive…

FERNAND
Comment allez-vous, Messieurs? *(Il donne la main à tout le monde.)* Vous avez sauté un mois il me semble?

TOM
Ouais… on voulait essayer un bon restaurant…

FERNAND
Un restaurant sans moi ne peut être que médiocre. *(On rit.)* Qu'est-ce que vous buvez?

TOM
Apporte-moi une Maredsous…

dire là, si au lieu de construire des HLM, au lieu de penser à 10 000 HLM, si on prenait le même argent, on pourrait 'n aider 30 000… C'est sûr que si on coupe complètement on règle pas le problème… Fait que c'est quoi la priorité, régler le problème des mal logés par des logements sociaux ou par des subventions? Les deux peuvent aller ensemble… C'est deux solutions différentes, mais qui peuvent toutes les deux s'appliquer en même temps… La diminution des taxes: ça aide tout le monde parce que les taxes on les paye toutes… Les locataires payent les taxes dans leur loyer, si les taxes baissent tout le monde en profite… Le locataire va payer des taxes commerciales quand il va à l'épicerie chercher un pain, dans le prix du pain y a le coût d'opération du grossiste, les dépenses de l'épicier pis on trouve les taxes dans le prix du pain, on les r'trouve tout partout… C'est ce qui fait qu'effectivement à Montréal le coût de la vie est élevé à cause des taxes. Si on voit à baisser les taxes, on améliore ça, on attire les gens en ville parce que… y aura pas d'intérêt à déménager en dehors de la ville, mais y aura un intérêt à revenir en ville, parce que y aura un intérêt financier… à part de… d'avoir les cho-

TREMPE
Dubonnet rouge…

FERNAND
Aujourd'hui j'ai… (Il énumère le menu de l'Armoricain correspondant au soir de la représentation.)

TOM
J'vas prendre un steak avec des patates. *I'm a steak and potato man… (On rit.)* On va regarder ça… fais respirer deux Médoc *(grande cuvée)* sur moi…

Pendant que Fernand finit de prendre la commande d'apéros, on entend une bribe de l'énigme que l'Homme aux énigmes propose à la Fille qui s'ennuie.

Clément apportera les apéros… plus tard Fernand viendra ouvrir le vin.

L'HOMME AUX ÉNIGMES
(proposition d'énigme :)
• Une bouteille de vin coûte 20 $.

ses accessibles. Pis d'un autre côté, j'vas vous dire sincèrement, le programme de logements sociaux devrait être complètement réorienté pour, style logis/rentes, assister les gens qui sont dans le besoin pour qu'ils puissent se loger dans l'entreprise privée, les logements sont là.

Permettre l'accès à la propriété à ces gens-là?... Oui mais, permettre à quelqu'un qui est démuni financièrement... lui permettre de... d'accéder à la propriété, il faut que quelqu'un mette l'argent, qui qui va mettre l'argent? On revient là, on revient, c'est beau là... si quelqu'un a pas l'argent pour s'acheter une maison en commençant pis qu'on y donnerait... on prend l'argent où? Mais quand même on y donnerait de l'argent pour s'acheter une maison, y a pas encore la stabilité financière pour supporter la maison, ça fait qu'on a pas réglé le problème.

Mais c'est évident que comme société, entre le logement social et l'accessibilité à la propriété... le premier choix qu'on devrait faire c'est en faveur du logement social parce que le logement social c'est un bien collectif... C'est un bien qui profite

• Le vin coûte 19 $ de plus que la bouteille.
• Combien vaut la bouteille?...

À la table de Sainte-Croix.

SAMSON
Ç'en est-tu un? (*En se cassant les poignets.*)

MARTINEAU
On va y demander tout à l'heure... Généralement dans un grand restaurant ç'en sont toutes...

MONETTE
Pas chez Schwartz...

MARTINEAU
Non c'est pas vrai... pas dans les Murray's non plus.

(*Discussion sur le service fait par des femmes.*)
• Les femmes sont trop familières... Elles manquent de classe...
• Elles aiment pas vraiment ça comme job... Ça doit trop ressembler à ce qu'elles font déjà à la maison...

à l'ensemble de la collectivité, et c'est un bien qui profite en particulier aux gens qui arrivent pas, qui ont pas les moyens financiers d'arriver à se débrouiller dans le marché financier privé qu'on connaît… qui est axé sur le profit, donc pour moi comme société, le choix qu'on doit faire c'est aller plusse vers des formes collectives de logement que ce soit des HLM, que ce soit des coopératives d'habitation – qui ont l'avantage en plusse de permettre aux gens de prendre en main leurs conditions de logement – ou vers d'autres formes de logements sans but lucratif comme des maisons de chambres sans but lucratif des choses comme ça.

Historiquement on a ici à Montréal, à Québec pis à Ottawa, on a beaucoup plusse privilégié l'accès à la propriété, il y a des programmes qui sont apparus d'aides directes, c'était des programmes d'accès à la propriété, que ce soit dans les années quarante et à chaque fois qu'il y a des problèmes économiques, la solution qu'on trouve passe toujours par le marché privé. On a jusse à penser quand il y a eu la récession de 1982, on a créé, c'est le gouvernement du Parti québécois, on a

• On retrouve des serveuses dans des *snacks*…
Pour le déjeuner c'est correct…
• Les hommes sont plus discrets… Y gardent une distance…
• Les meilleurs waiters c'est des fifs…

DESNOYERS
(*À propos de sa traduction de Platon:*)
• *Martineau peut lui demander:* Quoi de neuf Desnoyers?
• *Il peut répondre:* Je prépare une traduction du *Banquet* de Platon.
(*Tous sont consternés.*)
• *Un autre demande:* De quoi ça parle?
• C'est un dialogue sur la nature de l'amour. Socrate et d'autres sont réunis dans un jardin. Ils boivent, ils mangent, ils parlent de l'amour.
• *L'un d'eux pourrait dire:* T'es venu chercher l'inspiration. (*Rires.*)
• *Un autre demander:* Pour quoi faire?
• Ben… faut que le cours classique serve à quelque chose!
• Fais-nous pas pleurer! – *lui disent-ils.* – Pour qui tu fais ça?

MARTINEAU : Généralement dans un grand restaurant ç'en sont toutes…

créé le programme d'aide à la résidence privée, le PAARP. Avec le gouvernement du Parti libéral, plus récemment, avec la récession qu'on connaît, on a créé le programme Mon taux mon toit, c'est toujours, la solution qu'on trouve, ça passe toujours par le privé.

Du côté de Montréal, au niveau théorique... au niveau de la politique d'habitation, on dit: on a les deux objectifs... On dit: on fait les deux... c'est beau!... en pratique c'est moins beau... C'est pas principalement la faute de la ville de Montréal. Ce que ça prend au niveau du logement social... c'est évident qu'on demande pas à Montréal de créer à Montréal – à même ses propres budgets –, 50 000 logements sociaux... ça, ça serait de la folie furieuse, la ville de Montréal a pas les pouvoirs de taxation pour faire ce genre de choses-là... Sauf que ce qu'on a souvent reproché à la ville de Montréal, c'est de pas mettre assez de pression sur les gouvernements supérieurs pour essayer de faire renverser les choix politiques. Y a une certaine amélioration à l'heure actuelle... mais pour nous autres, c'est clair qu'il faut faire attention pour faire en sorte que la ville de

• Pour la France, sont venus me chercher.
• Ah ... pour la France! *fait l'un d'eux. (Ton ambigu.)*

On entend Thérèse qui invite l'Amant potentiel au party qu'il y aura chez elle.

MONETTE
J'vous ai apporté des découpures de journaux sur le père Simard...

TOM : Ben oui ils l'ont tué à coups de marteau sur la tête qu'y disent…

Montréal garde l'objectif de réaliser ses 5 000 logements sociaux… de continuer à mettre de la pression sur les gouvernements… pis à un moment donné qu'on en vienne pas à se dire que c'est pas possible… Ça fait qu'on va se rabattre sur ce qui est le plus facile, c'est-à-dire l'accès à la propriété par le biais, entre autres – c'est une des peurs qu'on a – par le biais de la levée du moratoire, la levée de l'interdiction de convertir des logements en copropriétés indivises à Montréal.

Monsieur Gardiner disait… il me disait que l'an passé… concernant l'argent qui a été investi dans l'habitation, y a dit que y a 40 000 000 qui ont été investis dans le logement social pis 10 000 000 dans l'accès à la propriété… C'est pas le fait de la ville de Montréal, mais c'est la réalité quand même… Quand on parle de ces chiffres-là faut faire bien attention de pas s'en tenir jusse aux subventions directes données à l'habitation… C'est clair si tu regardes le budget par exemple d'la SCHL ou la SHQ au Québec, la grosse proportion des budgets à Montréal vont au logement social, les budgets directs, visibles, sauf que tout le domaine de la fiscalité que tu vois pas dans les

TOM
Ben oui ils l'ont tué à coups de marteau sur la tête qu'y disent…

DESNOYERS
(À propos de la mort du père Simard, il dit que:)
• Des soldats du Front patriotique rwandais, des Tutsis en fait, sont entrés chez lui et l'ont tué à coups de marteau.
• Le père Simard en savait trop, il avait été témoin d'atrocités commises par les soldats tutsis sur des Hutus, après le génocide, quand ils ont repris le contrôle du pays.
• Les Tutsis disent que le père Simard était un sympathisant des Hutus.
• Mais le plus grave, c'est que personne veut parler! Ni le gouvernement canadien, ni l'ACDI (Agence canadienne de développement international), ni même les Frères des écoles chrétiennes… personne veut commenter!
(Suite plus hermétique, ils ont connu le père Simard, il était directeur de conscience au collège.)

TOM, *à Monette*
Pis toi, l'historien?

127

budgets, les sommes sont beaucoup plus énormes que les sommes qui vont au logement social et ces sommes-là vont au niveau de la propriété privée… Par exemple, jusse un exemple, si tu vends la maison dans laquelle tu demeures, le gain de capital que tu réalises en vendant ta maison est complètement exempté d'impôt à cent pour cent. C'est de l'argent que le gouvernement accepte de ne pas aller chercher. C'est une dépense indirecte que, malheureusement, les gouvernements se donnent même pas la peine de chiffrer pis de mettre ça aussi clairement qu'le budget pis dire : bon, ça nous coûte tant… le fait que les gains de capital sur la vente de ta résidence principale soient pas imposés, mais ces dépenses-là sont considérables, il faut, quand tu fais le calcul des deux… il faut absolument que tu rentres ces dépenses fiscales-là… Et là ça te donne une vraie idée de où qu'va l'argent, et ça va beaucoup plusse du côté de la propriété privée.

Y a eu un moratoire qui a commencé en 1975 qui empêchait la conversion de logements locatifs en copropriétés… particulièrement dans

MONETTE

(À propos de l'attentat contre le président hutu, le massacre subséquent et la comparaison avec Hiroshima, il dit que :)

• Ç'a l'air d'un coup monté.

• L'avion du président rwandais, qui est un Hutu, est descendu par un missile au-dessus de Kigali.

• Les Hutus accusent les rebelles Tutsis d'être derrière ça, de mèche avec des éléments de l'opposition hutue.

• Le massacre suit dans l'heure ! Comme si tout était programmé depuis des mois ! Des listes toutes prêtes de gens à abattre, l'élite tutsie, les Hutus dans l'opposition…

• Le massacre dure des mois ! cent jours sans interruption.

• Plus efficace que Hiroshima, moins coûteux : un massacre *low tech*… On a tué en cent jours plus de 800 000 personnes, et ça, principalement à la machette !!!

• Qui est responsable ? Difficile à dire ! parce que pour tuer 800 000 personnes en quelques mois à coups de machette… ça prenait au moins une couple de cent mille assassins !

les immeubles à cinq logements et plus... Parce que le gros problème qu'y avait eu dans les années soixante-dix... c'est qu'y a un paquet de gros immeubles où y a des locataires souvent qui étaient assez âgés... dans l'Ouest de la ville particulièrement... qui étaient délogés, ces locataires-là, parce que les immeubles étaient vendus en copropriétés. Là y a eu un moratoire qui a été adopté mais qui s'est avéré plein de trous, c'était plus possible de le faire dans du cinq logements et plus. Ça fait que les gens se sont rabattus sur le cinq logements et moins, entre autres dans des quartiers comme le Plateau Mont-Royal et dans le Centre-Sud... Aussi ce moratoire-là était une véritable passoire... ce qui fait qu'y a eu des pressions à la fois des groupes de propriétaires et des groupes de constructeurs qui disaient: il faut enlever complètement le moratoire; et y avait des pressions des groupes de locataires qui disaient: non... ce qu'y faut c'est empêcher complètement la conversion. Finalement, le gouvernement du Québec, le choix qu'il a fait, c'est de dire on va civiliser l'affaire et on va donner plus de choix aux villes pour voir comment qu'y peuvent

TREMPE
(*À propos de la vache sénégalaise, il dit :*)
• Un jour, au Sénégal, quand j'étais coopérant là-bas, j'ai vu un boucher dépecer une vache à coups de machette.
• Y séparait une patte du corps.
• Très difficile! Un, deux, trois, quatre... cinq coups! À pleine force. Ça faisait comme un bruit sec.
• Combien de coups ça prend pour démembrer un être humain?
• Ça doit vraiment être une job épuisante... c'est pas évident.

agir là-dedans. Ce qui fait que dans les villes, ailleurs qu'à Montréal, on a dit: on va permettre la conversion en copropriétés à moins que les villes adoptent des règlements pour l'interdire... pis à Montréal pis la communauté urbaine, on va interdire la conversion à moins que les villes décident de déroger. Jusqu'à maintenant, la ville de Montréal avait décidé de maintenir cette interdiction-là... mais là... on a peur que la ville lève cette interdiction-là... et pour nous c'est clair que c'est inacceptable. Ce qu'on nous dit beaucoup... c'est que l'accès à la propriété à Montréal est difficile parce que le coût pour faire construire une maison est trop élevé... Donc ça a pour effet que les gens vont plus en banlieue et privent Montréal d'un certain revenu et ça, ça contribue à l'étalement urbain. Pour nous autres, ces raisons-là on a pas l'impression que c'est si vrai que ça... que ça marche comme ça. On a pas l'impression non plus que le phénomène de la gentrification, c'est-à-dire l'embourgeoisement des quartiers populaires qu'on a vécu dans le Plateau et dans le Centre-Sud, a été une bonne arme versus l'étalement urbain. Ce qu'on a fait finalement, c'est qu'on a délogé des gens qui étaient

Fernand fait cuire les steaks à la table de l'Homme aux énigmes et de la Fille qui s'ennuie. On entend l'allocution de Rosaire qui se détache...

MARTINEAU
(*À propos des tendons d'Achille, il dit que:*)
• Au Rwanda, y étaient tellement épuisés le soir, après avoir massacré toute la journée, y coupaient les tendons d'Achille aux survivants pour pas qu'ils s'enfuient.
• Y allaient manger et dormir et ils finissaient la job le lendemain.

TOM
La vérité? L'hostie de vérité. Les Français et les Belges sont très actifs dans cette région d'Afrique... Qu'est-ce que ça veut dire? Mitterrand qui envoie des troupes protéger le repli des Hutus après le massacre. Qu'est-ce que ça veut dire?

MONETTE
La vérité c'est la dernière chose à laquelle on a accès.

Thérèse et l'amant potentiel observent Fernand à la table du couple qui s'ennuie.

Fernand occupé à flamber les steaks.

dans leur quartier, pis l'arrivée de nouveaux gens dans ces quartiers-là a pas permis aux gens d'améliorer leur situation. Au contraire, ces gens-là ont été obligés souvent de quitter leur logement et leur quartier aussi, pour aller dans des nouveaux ghettos de pauvreté. Ça fait que nous autres, même avec toutes les conditions que la ville va mettre – parce qu'ils nous disent qu'ils vont mettre des conditions –, on a l'impression qu'en soi, c'est inacceptable. On a l'impression qu'une fois que tu ouvres la porte, tu peux plus la refermer. Les grands perdants là-dedans, ça va être les gens à faibles revenus qui habitaient traditionnellement les quartiers populaires. Peut-être qu'ils seront pas délogés directement, sauf que le stock de logements à bas loyer qui est déjà très minime ce stock-là, parce que quand on parle de taux de vacance on parle pas de stock de logements à bas loyer, ce stock de logements à bas loyer là va encore se réduire et donc la possibilité de choix qu'ont les gens, qui est déjà très basse va être réduite encore plusse... Parce qu'il y a une partie de ce stock-là qui va servir à l'accès à la propriété de monde qui sont peut-être pas riches... mais qui sont pas les plus mal pris non plus.

On entend une autre bribe d'énigme de l'Homme aux énigmes. À la table de Thérèse et de l'Amant potentiel, on entend un premier éclat de voix...

MONETTE
Dans tous les domaines. O.J. Simpson est acquitté parce qu'un policier enquêteur a tenu des propos racistes. Y a pus personne qui a tué sa femme...

Henri, le serveur, vient raconter en catimini, une histoire de fifs (les deux tapettes sur le pont Jacques-Cartier).

TREMPE
Le juge Bienvenue, on va finir par avoir sa peau... Y a dit que les femmes étaient plus méchantes que les hommes... On se demande pas si c'est vrai... On dit: Ça se dit pas... Y ont pas connu ma belle-mère...

Au milieu du restaurant, Simon attablé, solitaire, étrangement absent.

On veut aider les plus pauvres? Pas nécessairement les plus pauvres parmi les pauvres... parce que ça... c'est une tendance qu'ont les gouvernements... c'est des gens qui ont des revenus modestes de même. C'est des gens qui sont sur l'aide sociale. Les gens sans emploi, des gens qui sont retraités ou même des gens qui ont des revenus de travail, hein? mais qui auront jamais les moyens même avec toutes les levées de moratoire... même avec tous les programmes d'accès à la propriété que tu peux avoir... ces gens-là n'auront jamais accès à la propriété. Pour avoir accès à la propriété, ça prend au moins des revenus qui sont de 45 à 50 000 dollars par année. Si tu regardes les portraits des quartiers dans lesquels on travaille, les gens de ces quartiers-là n'auront jamais les moyens d'avoir accès à la propriété, t'auras beau faire n'importe quoi... Même si on s'oppose ça changera rien... C'est être pour ou contre la vertu ou le vice j'sais pas trop... mais ça change strictement rien... Sauf que la question qu'on se pose c'est: est-ce que ça doit se faire à même les fonds publics? Est-ce que ça doit se faire au détriment du logement social, au détriment du stock de logements à bas loyer? Nous autres on dit non...

SAMSON

(*À propos des femmes cruelles, le comédien peut choisir, chaque soir, trois items dans la liste suivante. Quelqu'une de la table des syndiqués peut jeter un regard circonspect en direction de Samson à l'audition de son laïus... :*)

• Des femmes cruelles, y en a eu des célèbres dans l'Antiquité.

• Zingua était reine d'Angola, elle immolait ses amants dès qu'ils avaient joui. Elle faisait se battre des guerriers sous ses yeux et devenait le prix du vainqueur.

• Zoé, femme d'un empereur chinois, faisait exécuter des criminels et immoler des esclaves pendant qu'elle baisait avec son mari. Elle inventa un supplice... une colonne d'airain creuse que l'on faisait rougir et dans laquelle on enfermait ses victimes.

• Théodora, la femme de Justinien et fille d'un gardien des ours de l'hippodrome, s'amusait à voir faire des eunuques.

• Messaline, la mère de Britannicus, prenait plaisir à voir exténuer des hommes par la masturbation.

que ça se fasse ailleurs j'ai absolument rien contre ça... ça peut être une solution pour le monde qui ont le droit comme tout le monde si ils veulent le faire par ce biais-là parfait... Sauf qu'y a un paquet d'avantages qui pour nous autres sont discriminatoires par rapport aux gens à faibles revenus. Quand on parle de tout le domaine de la fiscalité qui favorise la propriété privée... ben pour nous autres c'est discriminatoire par rapport à quelqu'un qui a... qui gagne 20 000 par année, qui a un revenu de travail et que tous les dollars qu'il a sont imposés pleinement... Pour nous autres c'est une injustice qu'un gain de capital soit exempté totalement alors qu'un revenu de travail à 5,55 $ au salaire minimum soit pleinement imposé ; il y a quelque chose de pas normal.

À Montréal en 1986 – pis on est sûr que ça l'a augmenté –, y avait 124 000 ménages/locataires qui payaient plus que trente pour cent de leurs revenus pour se loger, y avait là-dessus, sur ces 124 000-là... y en avait la moitié qui payaient plus que cinquante pour cent de leurs revenus pour se loger... Là c'est ben clair que t'es obligé de couper ailleurs... pis là où tu coupes ? Pis le

• Les Floridiennes faisait bander leurs maris et leur plaçaient de petits insectes sur le gland. Y paraît que c'était horriblement douloureux.
• La Voisin et la Brinvilliers empoisonnaient pour le seul plaisir de commettre un crime.

TREMPE
Notre polémiste national, Jasmin, déclare que ses voisins juifs hassidims sont pas vivables. Après avoir fait des guili-guili aux petits Juifs d'à côté, le lendemain y avait une clôture de dix pieds de construite... C'est vrai ou c'est pas vrai... pas d'importance, ça se dit pas...

DESNOYERS
C'est à cause de leur religion...

TOM
Ouais... toutes les religions rendent cons !

MARTINEAU
La vérité intéresse personne. Elle fait peur plutôt. La vérité c'est que le quart de l'humanité essaye de fourrer le reste du monde... On est gouverné

gouvernement est obligé de faire des programmes dans ce sens-là parce que tu coupes sur la nourriture! Tu coupes sur le déjeuner des enfants qui partent à l'école sans déjeuner pis là t'es obligé d'avoir des programmes comme le plan Pagé qui essaye de patcher les trous par après.

J'ai rencontré le président de la Ligue des propriétaires… Lui comme solution, il proposait plutôt, au lieu d'investir dans la construction de logements sociaux, d'investir dans les logements qui sont déjà là, les logements vacants parce que c'est plus profitable pour les gouvernements. Ce qui est faux… Ça là, c'est un mythe qui a été dégonflé par les gouvernements eux-autres-mêmes parce que, à un moment donné le gouvernement a créé un programme qui permettait de venir en aide aux propriétaires de logements vacants – ce qu'on appelle le programme de supplément au loyer pour le marché privé. Au lieu de faire entrer quelqu'un dans un HLM, tu le faisais entrer dans un logement vacant du marché privé. À court terme c'est moins cher, sauf qu'à long terme… dans une période qui peut varier, mais que les gouvernements évaluent à dix-huit,

par des bandits. Y a plus de vols de banque… Y prennent ton argent directement dans ton compte de banque… La nuit ton argent s'en va en silence en Orient et sert à fourrer les trous de culs de l'autre hémisphère…

Ici aussi l'allocution de Rosaire se détache.
Puis à la table de Thérèse et de l'Amant potentiel, on voit Thérèse qui tente de séduire l'Amant potentiel.

Thérèse tente de séduire l'amant potentiel.

dix-neuf ans, ton logement social est un bien social qui est payé, qui est entièrement payé, qui rapporte des revenus, alors qu'avec le loyer que tu loues sur le marché privé, t'es jamais propriétaire de rien. Les gouvernements arrêtent pas de nous dire, ce que Aubry nous servirait lui-même : c'est bien mieux d'être propriétaire que d'être locataire... C'est les gens qui ont toujours demandé des programmes comme ça... Que ce soit un supplément au loyer pour le marché privé ou des formes d'allocations au logement qui aident les gens à demeurer chez eux en leur donnant un petit peu d'argent pour qu'ils arrivent à payer leur loyer. Ç'a toujours été les propriétaires qui demandent ça et on a toujours choisi de ces formules-là. Le fait qu'il y ait tant de logements vacants à l'heure actuelle, ce que ça démontre, c'est pas que ç'a besoin d'aide gouvernementale – y 'n a déjà beaucoup –, c'est que ces loyers-là sont trop chers parce que le marché privé, ça on le dit depuis des années, le marché privé est incapable d'arriver à loger les gens, incapable d'assurer le droit au logement et c'est pour ça que pour nous autres, ça prend du logement social.

TOM
Ça m'a fait du bien hier... Moi pis mon gars – c'est moi qui l'avais pour le week-end – on a loué une couple de films... *Falling Down* entre autres avec Michael Douglas...
(*À propos du film, il dit que :*)
• Michael Douglas est pris dans la circulation. C'est complètement bloqué. Il sort de son char. Il est ben *clean*, classe moyenne assez aisé, qui vit dans une grande ville américaine...

À la table de Thérèse et de l'Amant potentiel, le ton lève.

SAMSON
C'est quoi la dernière, Yvon ?

MARTINEAU
(*Histoire des deux chauffeurs de taxi. Blague raciste.*)

La mulâtre l'entend.

SAMSON
J'pense qu'il y en a une en arrière de toi... (*Jeux de regards.*)

139

Normalement les prix devraient baisser avec le taux de vacance qui augmente... Ça devrait être la logique normale, on parle de la loi du marché capitaliste, c'est supposé être la loi de l'offre et de la demande... Sauf que dans le domaine du logement ç'a jamais marché comme ça ; ce qu'on va faire quand il y a des logements vacants pis on veut absolument les louer, on baissera jamais le loyer, on va offrir un four micro-ondes, on va offrir un mois gratis de loyer, mais on baisse jamais le loyer. C'est une loi non écrite du marché privé que t'essayes de garder les loyers les plus chers possible... Quand tu revends ta maison plus ton loyer est cher plus tu vas vendre cher. Ça sont pas prêts à aller contre... pis ça démontre encore une fois que la logique du marché privé c'est la logique du profit, du fait que c'est un investissement qui doit être plus rentable qu'un autre investissement ; t'investis dans l'immobilier plutôt que d'investir à la Bourse. C'est bien que ça soit plus rentable qu'à la Bourse sinon tu ferais pas ce choix-là.

À la table des syndiqués:

ROSAIRE

Une autre bonne nouvelle, le monde. À matin le juge du Tribunal du travail a annulé la sanction du commissaire au sujet de la suspension de Guillemette et Barbeau, les responsables de la publication. Ça veut dire qu'on peut faire toutes les caricatures qu'on veut, y compris celles des patrons dans le bulletin. C'est une victoire pour la liberté d'expression syndicale! Ti-Galop *eat your heart out*!

TOUS LES SYNDIQUÉS

Yeah!

L'Amant potentiel se lève pour aller payer.

À la table de Sainte-Croix:

TOM

J'ai acheté un petit cadeau pour mon cousin. Il a un garage dans la Petite Bourgogne... Ça fait trois fois qu'il se fait hold-upper... La police lui a dit de déménager sur la Rive-Sud... *(On rit.)* Ça fait que je lui ai dit que la prochaine fois que je le verrais, je lui apporterais un petit quelque chose...

Thérèse veut se pousser du restaurant avec le portrait d'Oscar Wilde. Elle tombe avec le tableau, on se retourne vers elle. Elle réussit tout de même à sortir et les serveurs la suivent.

Thérèse veut se pousser avec le tableau d'Oscar Wilde.

MARTINEAU
Y en a ça leur fait pas de sortir… A' fait peut-être partie de ceux qui ont été lâchés lousse d'Hippolyte-Lafontaine… Qu'est-ce que tu lui as apporté?

Tom sort un revolver de son attaché-case…

MARTINEAU
Où c'est que t'as pris ça?

TOM
Caughnawagua… *(Il actionne le mécanisme.)*

Tout le restaurant fige.

MARTINEAU : Où c'est que t'as pris ça?

TOM: Caughnawagua…

L'appartement dit «du répondeur», le lit défait.

Scène 8

Dans l'appartement dit « du répondeur », le lit est fait. Le téléphone sonne. Au bout de trois coups, le répondeur se déclenche. Aucun message de part et d'autre. Que les clics et les déclics.

Dans l'appartement de Simon, Simon est assis de dos sur son lit.

Brochu est à sa fenêtre. Il fume. Madame Brochu est à sa table.

Arrive du corridor par l'escalier, le fils Brochu, hirsute. Il va directement à sa chambre.

Dans le corridor, une fille mal en point, défigurée et qui n'a qu'un bas rose, essaye de fuir quelque chose ou quelqu'un… Elle est soudainement cernée par les trois Iroquois qui la jettent par terre et la retiennent étendue.

Le fils Brochu ressort de sa chambre avec un paquet qui pourrait bien contenir un gun *mais c'est pas sûr. Il va repartir quand son père l'interpelle.*

MONSIEUR BROCHU

Y a un nègre qui est venu pour toé à matin… Y avait l'air en tabarnak…
Y avait la tête amanchée comme un palmier…

BROCHU FILS

Pis ?

MONSIEUR BROCHU

Pis… tu pourrais dire bonsoir sacrament !

BROCHU FILS

Va donc chier, câlisse !

*Le père se lève pour frapper son fils. On entend la fille crier dans le
corridor. Un Iroquois la frappe. Le fils Brochu se sauve et arrive
devant le trio d'Iroquois.*

BROCHU FILS

J'vous avais dit d'attendre dans cour, tabarnak !

*Madame Brochu arrive en haut de l'escalier. Elle crie. Ils se
sauvent.*

La fille avec un seul bas rose essaie de fuir quelque chose ou quelqu'un…

La fille avec un seul bas rose retenue au sol par les Iroquois.

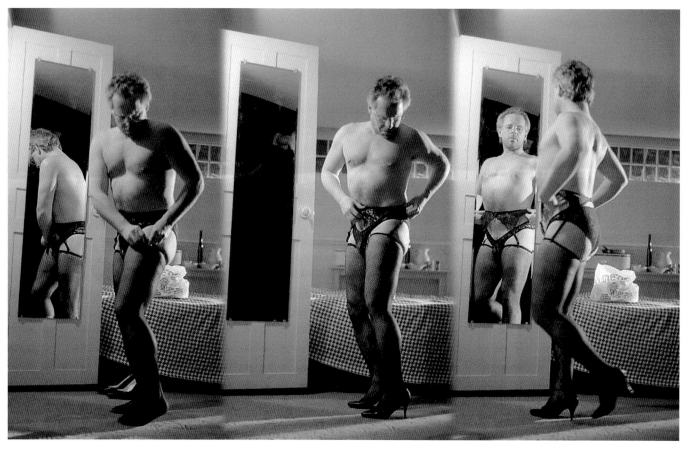

Seul devant son miroir, Simon se métamorphose.

Scène 9

Dans l'appartement de Simon :
Simon se met des sous-vêtements de femme, en se regardant dans son miroir sur la porte de son garde-robe.

Dans l'appartement dit de la Sainte-Vierge :
On frappe à la porte. Quelque chose est dans le lit. Une queue dépasse de dessous le couvre-pieds.

Dans l'appartement du répondeur :
Rien.

Dans l'appartement de Madame Dionne :
Elle se lave.

Dans l'appartement de Simon :
Il finit de mettre un soutien-gorge.
Éclate **I can't get no satisfaction…** *lumière rouge.*
Simon se met un chapeau de femme avec une voilette.

Chez les Brochu:
Madame Brochu est à genoux devant Monsieur Brochu.

Dans l'appartement de Simon:
Simon se met du déodorant, puis monte son fusil.
Simon casse un carreau.

Fusillade.

Noir.

Gyrophares derrière les décors.

Arrivée de l'escouade tactique dans l'escalier.

Simon se met du déodorant puis monte son fusil, pendant que madame Dionne commence sa toilette du soir.

Simon brise une vitre et commence à tirer.

Simon immobile sur le lit pendant que l'escouade tactique pénètre dans l'immeuble.

TABLE DES PHOTOS

Page 144 : **_Thérèse, Tom et Simon..._** de Robert Gravel • Roch Aubert, Benoît Rousseau, Sébastien Dhavernas, Claude Laroche et Jacques Rossi • Photo : ©Mario Viboux

Page 145 : **_Thérèse, Tom et Simon..._** de Robert Gravel • Roch Aubert, Jean Asselin, Benoît Rousseau, Sébastien Dhavernas, Claude Laroche et Jacques Rossi • Photo : ©Mario Viboux

Page 149 : **_Thérèse, Tom et Simon..._** de Robert Gravel • Nathalie-Ève Roy • Photo : ©Mario Viboux

Page 150 : **_Thérèse, Tom et Simon..._** de Robert Gravel • Nathalie-Ève Roy • Photo : ©Mario Viboux

Page 151 : **_Thérèse, Tom et Simon..._** de Robert Gravel • Christian Vanasse, François Ladouceur, Nathalie-Ève Roy, Joël Côté, Jacky Boileau et Chantal Baril • Photo : ©Mario Viboux

Page 152 : **_Thérèse, Tom et Simon..._** de Robert Gravel • Luc Senay • Photo : ©Mario Viboux

Page 155 : **_Thérèse, Tom et Simon..._** de Robert Gravel • Luc Senay et Diane Dubeau • Photo : ©Mario Viboux

Page 156, 157 : **_Thérèse, Tom et Simon..._** de Robert Gravel • Diane Dubeau • Photo : ©Mario Viboux

Page 158 : **_Thérèse, Tom et Simon..._** de Robert Gravel • Luc Senay et Diane Dubeau • Photo : ©Mario Viboux

Page 159 : **_Thérèse, Tom et Simon..._** de Robert Gravel • Luc Senay et un membre de l'escouade tactique • Photo : ©Mario Viboux